W0357086

Die Lahn

Bootswandern auf der Lahn

Pollner Verlag

Titelseite: Limburger Dom

Impressum:
Bild Titelseite: Gerd Kassel
2002 © Pollner Verlag
Rotdornstr. 7, D-85764 Oberschleißheim
www.Pollner-Verlag.de
ISBN 3-925660-96-8

Sämtliche Rechte der Vervielfältigung und Verbreitung
-in jeglicher Form und Technik- vorbehalten.
Das gilt insbesondere für Vervielfältigungen, Übersetzung, Mikroverfilmung und die Einspeicherung und Verarbeitung in elektronischen Systemen.

Satz: Hildegard Lesser
Karten: Jübermann Kartographie u. Verlag Uelzen
Repro: Publicdesign Bernau
Titelgestaltung: Publicdesign Bernau
Gestaltung: Max Pollner
Druck: Pollner Verlag und Amann Druck

Fotos: Martin Schulze
Lektorat: Cara Follin, Schleching
Bilder auf folgenden Seiten sind von Gerd Kassel
Seite1,5,55,62,71,76,79,106,110,111.

Danksagung
Herzlichen Dank allen, die mit Rat und Tat geholfen haben die zahlreichen Informationen zu erhalten, die für dieses Buch erforderlich waren, um einen Bootswanderführer für die Lahn zusammen zu stellen.

Beachten Sie bitte immer: Alle aktuellen Angaben unterliegen einem ständigen Wandel. Daher sind die Beschreibungen und Informationen über Wege, Straßen und den Fluss, über Rastplätze, Campingplätze, Gaststätten, Telefonnummern und vieles mehr nur Anregungen und Hinweise und wurden nach aktuellen Information zusammengestellt. Schriftliche und bildliche Darstellungen dieses Werkes erfolgten nach bestem Wissen und Gewissen des Autors. Eine Haftung durch Verlag und Autor kann nicht übernommen werden.

Martin Schulze

Die Lahn

Bootswandern auf der Lahn

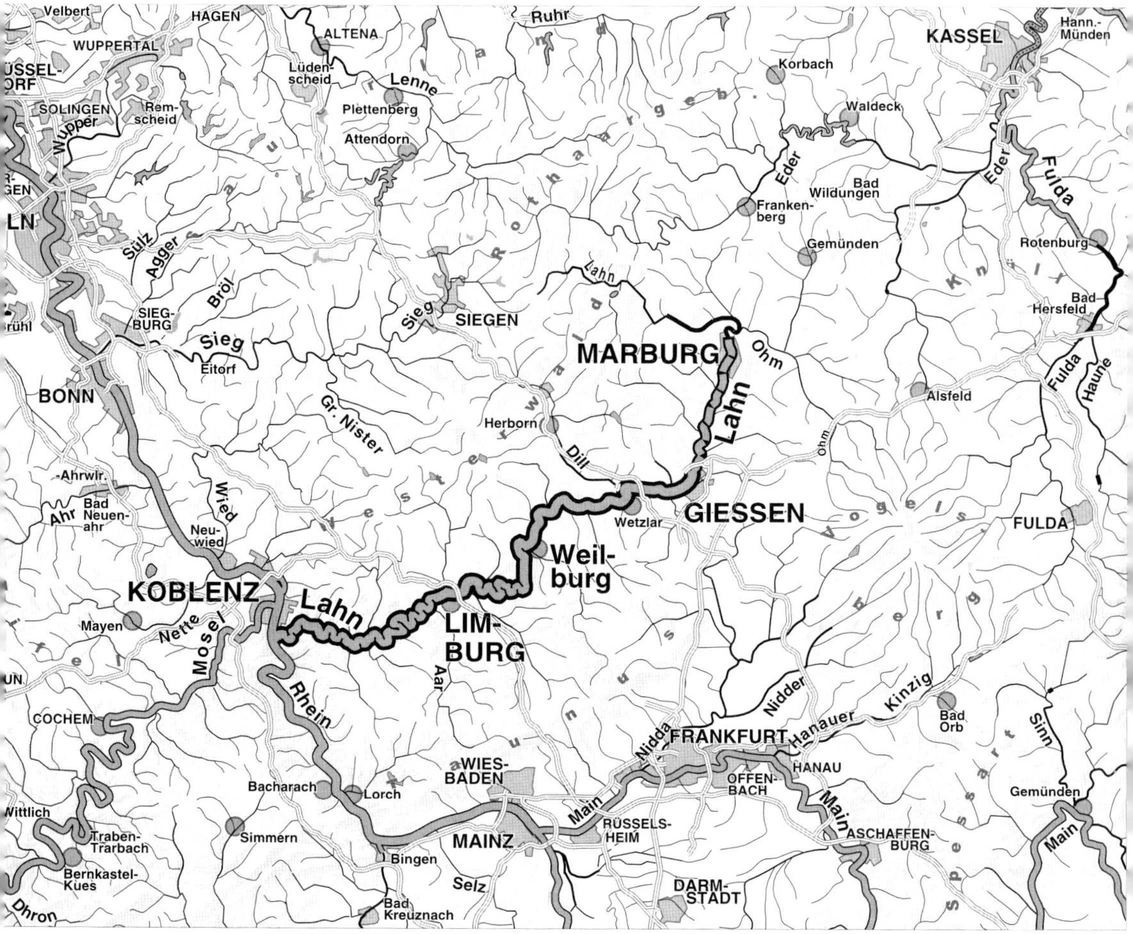

Pollner Verlag

Kanuwandern auf der Lahn

In der Schleuse

Schiffstunnel in Weilburg

◄

Inhaltsverzeichnis

Hallo Lahn **10**

Mitten in Deutschland **11**

Mit dem Auto –
mit der Bahn an die Lahn 14
Der Fluss war der Weg 15
Lahn Kilometrierung 17
Befahrbarkeit 17
Befahrungsregelungen auf der Bundeswasserstraße Lahn 18
Schleusen Limburg - Lahnstein 18
Rastplätze sowie Ein- und Ausstiegstellen für Ruderer und Kanuten 19

Erlebnisurlaub ohne Ende -

.. mit dem Kanu auf der Lahn 20
.. Kanuverleiher an der Lahn 22
.. Mit dem Ruderboot auf der Lahn 25
.. Mit Zelt oder Wohnmobil auf Campingplätzen 27
.. Wohnmobil-Stellplätze 28
.. Jugendherbergen 28
.. Jugendzeltplätze 28
.. Eine wichtige Adresse für alle Urlaubs-Aktivitäten 28

Flussbeschreibung **29**

Orte, Städte, Landschaften und der Fluss von der Quelle bis zur Mündung

Forsthaus Lahnquelle 30
Glashütte 30
Volkholz 30
Feudingen 31
Bermershausen 31
Sassmannshausen 31
Bad Laasphe **31**
Amalien-Hütte 32
Breidenstein 32
Wallau 32
Ludwigshütte 34
Biedenkopf **34**
Eckelshausen 35
Kombach 38
Wolfsgruben 38
Dautphe 38
Friedensdorf 38
Carlshütte 38
Buchenau 38
Elmshausen 39
Brungershausen 39
Kernbach 39
Caldern 40
Sterzhausen 40
Goßfelden 42
Sarnau 42
Cölbe 42
Wehrda 42
Marburg **43**
Niederweimar 46
Argenstein 46
Wolfshausen 46
Bellnhausen 47
Fronhausen 47
Sichertshausen 47
Friedelhausen 47
Röderheide 47
Salzbödetal 47
Odenhausen 47
Staufenberg 47
Ruttershausen 49
Lollar 49
Wißmarer See 49
Wettenberg 49
Badenburg 49
Gießen **52**
Heuchelheim 56
Dutenhofen 56
Lahnau 57
Dorlar 57

Naunheim 57
Niedergirmes 57
Wetzlar **60**
Kloster Altenberg 64
Albshausen 64
Oberbiel 64
Niederbiel 64
Solms / Burgsolms 64
Braunfels 65
Leun 65
Stockhausen 65
Tiefenbach 65
Biskirchen 65
Selters 68
Löhnberg 68
Ahausen 68
Weilburg **69**
Odersbach 72
Kirschhofen 72
Gräveneck 72
Fürfurt 73
Aumenau 73
Arfurt 73
Villmar 73
Runkel 77
Steeden 77
Dehrn 77
Dietkirchen 80
Eschhofen 80
Limburg **81**
Staffel 84
Aull 85
Diez **92**
Fachingen 88
Balduinstein 88
Geilnau 89
Laurenburg 92
Kalkofen 93
Obernhof 93
Kloster Arnstein 96
Schloss Langenau 96
Nassau **96**
Dausenau 100
Bad Ems **101**
Fachbach 104
Nievern 104
Friedrichssegen 105
Lahnstein 108

Literatur, Landkarten, Führer **112**

BINDING
Nassauer Hof

Wirtshausschild in Dausenau

Diez

Fachwerkromantik in Diez

Hallo Lahn...

So begrüße ich sie immer, wenn ich sie wiedersehe, „meine Lahn" – sei es zu einer Bootstour, zu einer Wanderung, einer gemütlichen Radltour oder wenn ich mit Tempo 120 auf der hohen Autobahnbrücke der A3 bei Limburg über sie hinwegbrause und tief unten das dunkle Band des Flusses sehe, wie es sich durch grüne Wiesen windet, eingerahmt von schön geformten Waldbergen.

Kleinere und größere Gebirgszüge begleiten ihren Lauf. Von den Höhen des Rothaargebirges kommend, streift sie den nördlich gelegenen Burgwald, fließt gemächlich durch eine weite Wiesenlandschaft des Lahn-Dill-Berglandes und ist später Trennlinie zwischen den rauhen Basalthochflächen des Westerwaldes und der waldreichen Hügellandschaft des nördlichen Taunus, um sich unweit von Koblenz dem Rhein zu opfern.

Das verführerische bei einem Fluss wie der Lahn ist die unverfälschte Lieblichkeit eines friedlichen Tales, deren Ufer und Landschaften Ruhe und Beschaulichkeit ausstrahlen und die Atmosphäre einer ländlichen Sommerfrische vermitteln.
Natürlich muss man diese Beschaulichkeit im Sommer mit vielen anderen teilen, wenn der Strom der Touristen das idyllische Tal füllt, auf den Campingplätzen die Zelte und Wohnmobile dicht an dicht stehen und in den Gartenlokalen die Kellnerinnen ins Schwitzen kommen. Das gefährdet die Landschaft und den Fluss und hat dazu geführt, dass über ökologisch vertretbaren Tourismus intensiv nachgedacht und auch Initiativen ergriffen wurden, um diese Beschaulichkeit zu erhalten.

Trotz allem findet derjenige, der allein bleiben will und die Natur entdecken möchte, noch genügend Möglichkeiten – mit dem Rad am Ufer entlang fahrend das Tal entdecken, zu Fuß durch Wälder und über Höhen wandern oder sich in einem Boot auf dem Fluss treiben lassen.

Der Fluss und seine Landschaft haben viel zu erzählen. Hier wird Geschichte lebendig, Sagen und Histörchen erzählen von früheren Zeiten; Burgen, Schlösser, Kirchen und Dome zeugen von der Tatkraft ihrer Erbauer und Bewohner. Berühmte Männer hinterließen hier ihre Spuren.

Dieses Buch möchte Sie dorthin führen, wo eine sanfte Mittelgebirgs-Landschaft, romantische Orte, berühmte Städte und das silbern leuchtende Band der Lahn eine großartige Symbiose eingegangen sind – zu einem der schönsten Flusstäler Deutschlands.

... und das mittendrin in Deutschland

Wälder, Täler und ein lieblicher Fluss – eine Ferienlandschaft, wie sie schöner und vielfältiger kaum sein könnte. Mittendrin in Deutschland und von überall her bequem zu erreichen.

Mit dem Auto

A 3 Köln – Frankfurt, Ausfahrt Limburg Nord.
Lahnaufwärts über die B 49 Richtung Weilburg, Wetzlar
Lahnabwärts zuerst nach Limburg und dort Richtung Diez über die B 417 nach Nassau, Bad Ems und zur Mündung bei Lahnstein.

A 5 Hamburg – Basel
Von Norden kommend bei Alsfeld – Ost die Autobahn verlassen und über die B 62 nach Marburg. Von Süden kommend beim Gambacher Kreuz auf die A 45 Richtung Dortmund wechseln. Beim Gießener Südkreuz Richtung Gießen, Marburg – lahnaufwärts, oder zwei Abfahrten weiter bis Wetzlar - Ost und dann über die B 49 nach Wetzlar, Weilburg, Limburg – wer lahnabwärts möchte.

A 45 Dortmund – Gießen (Sauerlandlinie)
Abfahrt Wetzlar – Ost. Von hier aus lahnabwärts über Wetzlar, Weilburg, Limburg. Wer aber lahnaufwärts möchte fährt von hier aus über die B 49 Richtung Gießen/Gießener Ring nach Gießen und weiter über die B 429, A 480 und über die teilweise autobahnähnlich ausgebaute B 3a Richtung Marburg.

Von Marburg zur Quelle der Lahn führt die B 62 über Biedenkopf und Bad Laasphe. Bei Sassmannshausen nach links abbiegen Richtung Feudingen, Volkholz, Netphen und nun sind es noch etwa 12 Kilometer, bis ein Schild oben auf der waldreichen Kammhöhe nach links in südlicher Richtung zur Lahnquelle hinweist, die dann nach ungefähr vier Kilometern erreicht wird.

Landkarten: Die Deutsche General Karte, Maßstab 1: 200 000, Blatt 11, 12 und 13

Burg Staufenberg

In der Marburger Altstadt

Der Limburger Dom bei Nacht

Mit der Bahn an die Lahn

Ein Pluspunkt für das Lahntal – mit der Bahn kommt man überall hin. Bei vielen Flusstälern in ländlichen Gegenden ist das keineswegs selbstverständlich und dann taucht zwangsläufig das Problem auf, wie kommt man an den Ausgangspunkt der Tour zurück. Nicht so an der Lahn. Die Bahn bringt den Wanderer überall hin und auch wieder zurück. Da lässt sich jede Entdeckungsreise ganz individuell planen und durchführen.

Die Stationen der Lahntalbahn Koblenz – Limburg – Gießen (Kursbuchlinie 625)
Koblenz – Niederlahnstein – Friedrichssegen – Nievern – Bad Ems West – Bad Ems – Dausenau – Nassau – Obernhof – Laurenburg – Balduinstein – Fachingen – Diez – Limburg.
Limburg – Eschhofen – Kerkerbach – Runkel – Villmar – Arfurt – Aumenau – Fürfurt – Gräveneck – Weilburg – Löhnberg – Stockhausen – Leun/Braunfels – Solms – Albshausen – Wetzlar – Dutenhofen – Gießen (umsteigen)

Main-Weser Bahn Gießen – Marburg (Kursbuchlinie 620 / Frankfurt-Kassel)
Gießen – Lollar – Friedelhausen – Fronhausen – Niederwalgern – Niederweimar – Marburg Süd – Marburg (umsteigen)

Obere Lahntalbahn Marburg – Biedenkopf – Bad Laasphe (Kursbuchlinie 623)
Marburg – Cölbe – Sarnau – Goßfelden – Sterzhausen – Caldern – Buchenau – Friedensdorf – Wilhelmshütte – Biedenkopf – Wallau – Bad Laasphe
Von Bad Laasphe gibt es noch eine weitere Zugverbindung bis nach Feudingen (Richtung Erndtebrück / Kursbuchlinie 444), aber dann verlässt die Bahn das Lahntal. Von Feudingen sind es etwa neun Kilometer zu Fuß bis zur Lahnquelle.

Die Abfahrts- und Ankunftszeiten unterliegen den jährlichen Fahrplanänderungen und können aus diesem Grund hier nicht genannt werden. Ausführliche Fahrpläne gibt es auf jedem Bahnhof oder bei den örtlichen Tourist-Informationen.

...der Fluss war der Weg

Kleine Geschichte der Lahnschifffahrt

Es ist anzunehmen, daß schon die Römer die Lahn als Transportweg nutzten um ihre Kastelle zu versorgen, denn in dem sumpfigen und engen Flusstal war es sehr mühsam, wenn nicht sogar unmöglich, schwere Fuhrwerke fahren zu lassen. Auch in späteren Jahrhunderten dürften mit kleinen flachen Kähnen Lasten transportiert worden sein.

Doch die Lahn war ein launischer Fluss. Hatte sie zuwenig Wasser, konnte bei den zahlreichen Untiefen kein Schiff fahren und bei Hochwasser war es zu gefährlich. Im Winter ging dann auf der zugefrorenen Lahn garnichts mehr und im Frühjahr verhinderte starker Eisgang die Schifffahrt, so dass der Fluss nur wenige Monate im Jahr befahrbar war. So entschlossen sich vor etwa 400 Jahren die Edlen aus Nassau und die Bischöflichen aus Kurtrier den Wasserweg schiffbar auszubauen. Dämme wurden gezogen, Ufer begradigt, Treidelpfade angelegt (die heute als Lahntal – Radwanderweg weiter existieren) und Stauwehre gebaut. Diese waren so konstruiert, daß Bretter das Wasser zurückhielten. Kam ein Schiff von oben, wurden Bretter herausgezogen und auf dem Wasserschwall rauschten die Kähne nach unten, wobei dann viele an die Uferwände krachten und zu Bruch gingen. Aufwärtsfahrend wurden sie in harter Arbeit mit Winden den Wasserschwall nach oben gezogen. Trotz aller Widrigkeiten waren alle Anrainer daran interessiert, die Schiffbarkeit zu verbessern, damit noch mehr Schiffe den Fluss befahren konnten. Das brachte Geld, durch Zolleinnahmen und Stapelgelder, besonders für Diez, dem damaligen Endpunkt der Lahnschifffahrt. Die Diezer wachten eifersüchtig darüber, dass hier abgeladen wurde und nicht in dem ungeliebten Limburg.

Mit der beginnenden Industrialisierung wurde die Lahn ab 1808 etappenweise bis Limburg ausgebaut und über Weilburg und Wetzlar dann 1851 bis Gießen fertiggestellt. Kurz danach wurde auch die Eisenbahnlinie fertiggestellt und wenn eine puffende Lokomotive laut pfeifend aus einem Tunnel auftauchte, sagten die Schiffer auf ihren Kähnen: „Der Totenvogel ruft". So war es denn auch. Der Gütertransport auf der teuren Wasserstraße wurde immer uninteressanter, die Leinreiter wurden arbeitslos und dann die Schiffer, als sie ihre Kähne verschrotten mussten.

Eine kurze Blütezeit hatte sie dann doch noch, die Lahnwasserstraße. Als Bad Ems berühmt wurde, als Könige, Fürsten, Diplomaten und andere prominente Größen hierher zur Kur kamen und dadurch Tausende angelockt wurden, da fuhr man auch mit dem Schiff. Und es ist fast nicht zu glauben, aber es gab tägliche Schiffsverbindungen von Bad Ems nach Köln, Mannheim und Rotterdam sowie eine wöchentliche Verbindung nach London.

Doch insgesamt ist der Ausbau nur recht halbherzig vollzogen worden – vielleicht auch deshalb, weil niemand mehr Geld in ein sterbendes Projekt stecken wollte. Die Schleusen waren zwar alle fertig, aber mit der endgültigen Kanalisierung und Vertiefung der Lahn hörte man dann kurz hinter Limburg auf.

Im letzten Jahrhundert des zweiten Jahrtausends wurden von Lahnstein aus die Schleusenanlagen erweitert, die Schleusentore elektrifiziert und Bedienungspersonal angestellt; aber auch da war dann in Limburg mit dem Ausbau Schluss.

Die Bundesrepublik Deutschland erklärte die bis kurz hinter Gießen ausgebaute Lahn zur Bundeswasserstraße 1. Ordnung.
In den achtziger Jahren fuhr dann das letzte Frachtschiff über die Lahn. Zurückgeblieben sind 23 Schleusen, 30 Wehre, 3 Häfen und 82 Brücken zwischen Gießen und der Mündung.
Das alles hat aber dem Fluss und dem Tal nicht sonderlich geschadet. Die zauberhafte Idylle ist erhalten geblieben und das Lahntal ist heute ein großes Freizeitparadies.

Lahn - Kilometrierung

Ab Feudingen am Oberlauf bis Marburg 58 Kilometer
Marburg – Gießen 33 Kilometer
Etwa 5 Kilometer vor Gießen, bei der Burgruine Badenburg, beginnt die Bundeswasserstraße mit Kilometer – 11 abnehmend.
Etwa 6 Kilometer nach Gießen, bei Dutenhofen, beginnt die offizielle Kilometrierung mit Kilometer 0 und ist von dort aus mit aufsteigenden Zahlen auf Tafeln am Ufer bis zur Mündung bei Kilometer 137,3 kenntlich gemacht. Tafeln mit einem schwarzen Kreuz bedeuten 500 Meter.

Befahrbarkeit

Oberlauf Feudingen – Marburg

Nur für erfahrene Kajakfahrer

Meist nur nach starken Regenfällen oder bei Hochwasser fahrbar. Vorsicht! Diese Flussstrecke ist nur für sportliche Fahrer mit entsprechender Wildwasser-Erfahrung geeignet und kann auch nur mit Kunststoffbooten befahren werden. Schnelle Strömung, viele Wehre mit lebensgefährlichem Rücksog bei hohem Wasserstand, Gefällstufen, überhängendes Gebüsch und Schnellen mit teilweise wildwasserähnlichem Charakter.

Marburg – Gießen

Für Kanuten mit allen Bootstypen jederzeit und eventuell für Ruderer

Diese Strecke kann bereits zu einer geruhsamen Flusswanderung benutzt werden. Mehrere Wehre, die umtragen werden müssen. Zwischen den Wehren leichte Strömung. Bei Niedrigwasser viele flache Stellen, die nicht immer sichtbar sind, deshalb immer im fließenden Wasser bleiben und bei Gefällstrecken in der Stromzunge bleiben. Bei großer Urlaubsfahrt mit allem Gepäck an Bord kann es passieren, dass man auf einer Untiefe aufsitzt. Ab Roth immer fahrbar.

Ab Badenburg (vor Gießen) bis Limburg

Für Kanuten, Ruderer und teilweise für Motorboote

Hier gibt es betriebsbereite Schleusen zur Selbstbedienung, und es muss kein Wehr mehr umtragen werden. Ab hier keine Probleme mehr mit dem Wasserstand, weshalb häufig eine Urlaubswanderfahrt erst in Gießen oder Wetzlar begonnen wird. Nur noch mäßige Strömung. Zwei Wasserschistrecken.
Achtung! Nach Verlassen der Schleuse die Kammer wieder voll Wasser laufen lassen.

Die Lahn – ein kleiner Wiesenbach nach der Quelle

Limburg – Lahnstein

Alle Wasserfahrzeuge

Auf dieser Flussstrecke ist die Lahn wegen der früheren Schifffahrt voll kanalisiert und hat so gut wie keine Strömung mehr. Dafür ist sie jetzt ein landschaftlicher Leckerbissen. Auch selber schleusen entfällt jetzt, da die Schleusen gebührenfrei vom Schleusenpersonal bedient werden. Zwei Wasserschistrecken.

Befahrungsregelungen der Bundeswasserstraße Lahn

Vor einer Befahrung der Lahn besorgen Sie sich bitte das,

„Merkblatt für Wassersportler auf der Bundeswasserstraße Lahn"

vom: Wasser- und Schifffahrtsamt Koblenz, Schartwiesenweg 4, 56070 Koblenz

Telefon: 02 61 / 98 19-0 · Fax: 02 61 / 98 19 – 31 55

E-mail: WSA-Koblenz@-KO.WSV.de

Sie erhalten es kostenlos bei Übersendung eines frankierten Rückumschlages.

Schleusen Limburg - Lahnstein

Schleusenzeiten: 1.4. – 31.10 täglich von 10 bis 12 Uhr und von 12.30 bis 18.30 Uhr.

Letzte Einfahrt 15 Minuten vor Betriebsschluss.

Fahrgastschiffe und größere Motorboote haben Vorrang.

Achten Sie auf die Signaltafeln, die darauf hinweisen, wo Sie in die Schleuse einfahren können, wo die Durchfahrt verboten ist (zum Wehr), ob die Schleuse besetzt ist (rot-weiß-rot) und dann beim Sperrschild warten, oder frei ist (grün-weiß-grün) und einfahren. Schleuse Ahl und Lahnstein: doppeltes Grünlicht.

Bei Hochwasser über 3,60 Meter ist eine Befahrung verboten. Den aktuellen Pegelstand können Sie telefonisch über eine automatische Pegelstandansage erfahren: obere Lahn in Leun, Telefon 0 64 73 / 1 94 29 und untere Lahn in Kalkofen, Telefon 0 64 39 / 1 94 29.

Rastplätze sowie Ein- und Ausstiegstellen für Ruderer und Kanuten

Sie sind in Hessen im Landschaftsschutzgebiet durch Schilder am Ufer gekennzeichnet, und nur an diesen entsprechend ausgewiesenen Stellen darf entweder gerastet oder eine Fahrt begonnen beziehungsweise beendet werden. An den Ein- und Ausstiegstellen ist eine Zufahrt mit dem PKW möglich, bei den Rastplätzen nicht. An diesen Plätzen gibt es auch sehr aufwendig und informativ gestaltete Informationstafeln über die Flussstrecke, den Ort/die Stadt und die Natur am Fluss. Alle sonst vorhandenen Stege und Treppen sind Privateigentum und dürfen nicht betreten werden.

Nochmals die eindringliche Bitte: Suchen Sie sich nicht selbst irgendeinen Zugang zum Fluss über Wiesen oder Feldwege! Die Natur ist unser kostbarstes Gut. Wir wollen es nicht zertrampeln.

Die zugelassenen Ein- und Ausstiegstellen sind in der → *Flussbeschreibung* eindeutig gekennzeichnet, ebenso die Rastplätze und die vorhandene Infrastruktur. Für eine Fahrtenplanung hier eine Kurzübersicht:

Marburg, Campingplatz
Roth – Ein- und Ausstiegstelle, Rastplatz
Landschaftsschutzgebiet zwischen Roth und Limburg mit Befahrungsregelungen
Odenhausen – Ein- und Ausstiegstelle, Rastplatz
Wißmar – Ein- und Ausstiegstelle, Rastplatz, Campingplatz
Gießen – Drei Ein- und Ausstiegstellen sowie Rastplätze
Atzbach – Rastplatz
Dorlar – Ein- und Ausstiegstelle, Rastplatz
Wetzlar/Niedergirmes – Ein- und Ausstiegstelle, Rastplatz, Campingplatz
Wetzlar/Lahnhof – Ein- und Ausstiegstelle
Wetzlar/Colchester Anlage – Rastplatz (kurzer Weg zur Altstadt)
Wetzlar/Bachweide – Ein- und Ausstiegstelle
Solms/Oberbiel – Ein- und Ausstiegstelle
Solms/Schohleck – Rastplatz
Leun/Braunfels (Lahnbahnhof) – Ein- und Ausstiegstelle
Leun (Jugendzeltplatz) – Ein- und Ausstiegstelle, Rastplatz
Tiefenbach – Rastplatz
Biskirchen – Rastplatz
Löhnberg/Selters – Ein- und Ausstiegstelle
Löhnberg/Bahnhof – Ein- und Ausstiegstelle, Rastplatz
Ahausen – Ein- und Ausstiegstelle
Weilburg (Bootsverleih) – Ein- und Ausstiegstelle
Odersbach – Campingplatz
Gräveneck – Rastplatz, Campingplatz
Fürfurt – Ein- und Ausstiegstelle

Aumenau – Ein- und Ausstiegstelle, Rastplatz
Arfurt – Rastplatz, Zeltmöglichkeit
Villmar – Ein- und Ausstiegstelle, Rastplatz
Runkel (Boots-Slipanlage) – Ein- und Ausstiegstelle
Runkel/Campingplatz – Ein- und Ausstiegstelle, Rastplatz
Dehrn – Ein- und Ausstiegstelle
Dietkirchen – Rastplatz
Limburg(Boots-Slipanlage) – Ein- und Ausstiegstelle
Limburg, Campingplatz
Limburg/1. Wehr – Rastplatz
Grenze Hessen – Rheinland/Pfalz, Ende der Befahrungsregelungen
Diez – Campingplatz „Das Neue Mühlchen"
Diez – Campingplatz Oranienstein
Diez – Rastplatz an der alten Brücke
Fachingen – Rastplatz
Balduinstein – Ein- und Ausstiegstelle, Rastplatz
Rupbach – Campingplatz
Laurenburg – Rastplatz, Zeltmöglichkeit
Laurenburg – Ein- und Ausstiegstelle
Obernhof – Ein- und Ausstiegstelle, Rastplatz, Campingplatz
Schloss Langenau - Campingplatz
Nassau – Campingplatz
Nassau – Rastplatz
Dausenau – Ein- und Ausstiegstelle, Rastplatz, Campingplatz
Bad Ems – Campingplatz
Fachbach – Campingplatz
Miellen – Ein- und Ausstiegstelle, Rastplatz
Friedrichssegen / Ahl – Campingplätze
Lahnstein/Wolfsmühle – Campingplatz
Lahnstein – Ausstiegstelle

Erlebnisurlaub ohne Ende

Mit dem Kanu auf die Lahn

Unter den großen deutschen Flüssen ist die Lahn wohl einer der kleineren, aber ohne Übertreibung auch einer der schönsten Kanuwanderflüsse Deutschlands. Auf seinem geruhsam strömenden Wasser erwarten den Flusswanderer keine großen Herausforderungen. Man muss kein Profi sein, wenn man sich in ein Kajak, einen Canadier oder in ein Faltboot setzt um Fluss und Landschaft zu genießen und ein paar heitere, unbeschwerte Urlaubstage zu erleben. Wer's sportlich mag,

der haut kräftig rein und schafft so, mit Wehr-Umtragen, Schleusen und Stärkungspause, etwa sechs Kilometer pro Stunde. Wer's aber lieber gemütlich angehen möchte, der lässt sich mit dem Fluss treiben, vorbei an Teichrosenfeldern, unter überhängenden Weiden hindurch, vorbei an Dörfchen, dunklen Waldhängen, kurvenreich durch leuchtende Wiesen, der sieht die Schmetterlinge tanzen und hört die Vögel im Geäst hoher Bäume zwitschern. Zu empfehlen sind Tagesetappen von 20 Kilometern, was eine reine Paddelzeit von etwa 5 Stunden bedeutet (ohne Pausen).
Das ist das Schöne am Kanuwandern, dass man den ganzen Tag mit sportlicher Bewegung an der frischen Luft verbringt, Körper und Geist mal wieder kräftig auslüftet und dabei noch genügend Zeit und Muße hat, Landschaft und Natur zu genießen. Wer dann noch mit Gepäck auf mehrtägige Wanderfahrt geht, der löst sich ganz weit weg von allen Zwängen des Alltags, fühlt sich frei und sorglos, grad so als hätte man durch ein kleines Loch in's Paradies gesehen. Leider hat auch das Paradies seine Grenzen.

Denn die Lahn ist nicht nur einer der schönsten Wanderflüsse, sie ist auch einer der beliebtesten in Deutschland und das hat Folgen. Jährlich besuchen Tausende das Lahntal um sich an ihren Ufern oder auf ihren Wassern zu erholen. Kanuverleihstationen gibt es in vielen Orten um der wachsenden Nachfrage nachzukommen. Ein- und Mehrtages-Schnupperfahrten werden von Besuchern aus Nah und Fern unternommen, Gruppen und Vereine reisen an, Betriebsfeste werden paddelnderweise auf der Lahn durchgeführt, und aus den zahlreichen Vereinen des Deutschen Kanusportverbandes kommen ihre aktiven Mitglieder angereist. Dazu kommen die Tausende von Urlaubern an den Ufern. Sie alle lieben die bis jetzt erhalten gebliebene Schönheit des Lahntals. Damit wir diese Flussidylle nicht zu Tode lieben, war es zwingend notwendig, Schutzmaßnahmen zu ergreifen und Regelungen aufzustellen um einen die Natur schonenden sanften Tourismus zu gewährleisten. Sollten Ihnen diese Regelungen zu streng erscheinen, bedenken Sie, dass dies alles der Naturerhaltung dient.

Diese Regelungen gelten für alle Wasserwanderer, egal mit welchem Gefährt sie auf der Lahn schippern!

- Beginn und Ende einer Fahrt nur an den ausgewiesenen Ein- und Ausstiegstellen → *siehe Kapitel Flussbeschreibung,* oder bei den Kanuverleihstationen. Nicht an den ausgewiesenen Rastplätzen oder „wild" irgendwo am Ufer.
- Das Betreten der Ufer, im besonderen im Bereich der ausgewiesenen Naturschutzbereiche/ Auenbereiche zwischen Lollar und Limburg, ist verboten. Dort darf nur an den ausgewiesenen Rastplätzen gerastet werden. Die Rastplätze sind in der → *Flussbeschreibung* angegeben.
- Bitte nicht mit den Booten durch Schilfgürtel oder Teichrosenfelder fahren und beachten Sie, dass sich im Flachwasserbereich bei Kies- oder Sandbänken häufig Brut- oder Laichzonen befinden. Machen Sie mit Ihrem Boot keine Jagd auf Enten oder Perlhühner. Diese Tiere leben dort und Sie sind für diese Flussbewohner ein furchterregender Eindringling.
- Lärm – lautes Geschreie und Gegröle, gar noch Musik aus dem Kofferradio – ist absolut out. Zum Austoben eignet sich eine Disco besser.
- Eine Bootstour ist keine Sauftour und leere Pullen in der Lahn zu versenken ist Schwachsinn in höchster Vollendung. Sie werden es nicht glauben wollen, aber es ist Tatsache: Auch auf

dem Wasser können Sie Ihren Führerschein verlieren, wenn Sie auf der ab Badenburg bei Gießen als Bundeswasserstraße ausgewiesenen Lahn im betrunkenem Zustand einen Unfall verursachen und die Wasserschutzpolizei Sie erwischt.

- Nehmen Sie Rücksicht auf Angler und Ruderer!
  Wildes Zelten irgendwo am Ufer ist strengstens verboten, ebenso das Anlegen von Feuerstellen. Übernachtet wird grundsätzlich nur auf Campingplätzen → siehe *Flussbeschreibung* oder die Aufstellung im Kapitel → *Mit Zelt und Wohnmobil.* Teilen Sie Ihre Fahrtstrecke so ein, dass Sie Ihren Übernachtungsplatz rechtzeitig erreichen. Reservieren Sie telefonisch einen Platz. Außerdem gibt es eine Vielzahl von Hotels, Gasthöfen und Jugendherbergen. Das Übernachten auf den Schleuseninseln ist aus Naturschutzgründen leider nicht mehr möglich.
- Bitte entsorgen Sie Ihren Abfall an den Ein- und Ausstiegstellen, den Rastplätzen, Schleusen oder auf Ihrem Übernachtungsplatz in die vorhandenen Abfallbehälter.

...hab ich kein's, miet ich mir ein's

Kanuverleiher an der Lahn

Heckmann Kanutouren ***
Im Paradies 4
35085 Rauischholzhausen (bei Marburg)
Telefon: 0 64 24 / 92 39 30
E-mail: kanu@kanuheckmann.de
internet: www.kanuheckmann.de
(Dieser Betrieb bietet geführte Touren an, verleiht Zelt- und Kochausrüstung und bietet Tagestouren auf der Lahn mit individuellem Transportservice im Raum Marburg an, einschließlich Hotelübernachtung und Stadtführung)

Roth
Lahn-Tours Aktivreisen GmbH ***
Lahntalstraße 45 · 35096 Weimar-Roth
Telefon: 0 64 26 / 92 80 – 0
Fax: 0 64 26 / 92 80 – 10
E-mail: info@lahntours.de
internet: www.lahntours.de
(Dieser Betrieb bietet auch geführte Touren an sowie kombinierte Wander-, Rad-, Kanu-Touren, verleiht Zelt- und Kochausrüstung, organisiert Übernachtungen, bietet Gruppentouren an und hat in Runkel einen eigenen Campingplatz mit Kanu- und Fahrradverleih)

Gießen
KANUTOURS ***
Uferweg 12 · 35398 Gießen
Telefon: 0 64 1 / 9 30 36 36
Fax: 0 64 1/ 9 30 36 37
E-mail: kanu@kanutours-giessen.de
Internet: www.kanutours-giessen.de

Solms
Krumos Kanus ***
Beethovenstraße 1 · 35606 Solms – Burgsolms
Telefon: 0 64 42 / 9 21 18 · Fax: 0 64 42 / 9 21 19
E-mail: krumos@aol.com
Internet: www.krumos-kanus.de

Solms
Rotana Touristik ***
Talstraße 6 · 35606 Solms – Burgsolms
Telefon: 0 64 42 / 2 33 32 · Fax: 0 64 42 / 2 27 23
E-mail: Rotana Tour@aol.com
Internet: www.Rotana.de

Solms
Robin – Tours ***
Im Schooleck · 35606 Solms
Telefon: 0 64 42 / 92 28 88 · Fax: 0 64 42 / 92 28 90

Weilburg
Tourist – Info Weilburg
Mauerstraße 6 –8
Telefon: 0 64 71 / 3 14 67 und 76 71
Fax: 0 64 71 / 76 75
E-mail: kvv@weilburg.de
Internet: www.weilburg.de
Der Bootsverleih, sowie die Ein- und Ausstiegstelle ist unterhalb des Schlosses direkt an der Lahn/ Bahnhofstraße, Bootshaus.
(Spezial-Angebot: Gruppen–Touren)

Weilburg – Odersbach
Residenz-Tours
Lahnstraße 2 · 35781 Weilburg
Telefon: 0 64 71 / 92 27 25 · Fax: 0 64 71 / 92 27 26
E-mail: ResidenzTours@ aol.de
Internet: www.residenztours.de

Fürfurt
Kanu -Tours „Paradieso"
Bahnhofsring · 35796 Weinbach-Fürfurt
Telefon: 0 64 71 / 49 01 54 · Fax: 0 64 71 / 4 17 50
Internet: www.kanu-tours-paradieso.de
(mit schönem Biergarten und Restaurant)

Fürfurt
Willi's Bootsverleih
Lahntalschänke · 35796 Weinbach-Fürfurt
Telefon: 06474 / 278

Runkel
Bootsverleih auf dem Campingplatz der Firma
„Lahntours" → siehe Roth

Runkel
Städtisches Fremdenverkehrsamt
Burgstraße 4 · 65594 Runkel
Telefon: 0 64 82 / 9 16 10 · Fax: 0 64 82 / 16 50

Limburg
BIWAK ***
Schaumburger Straße 1 · 65549 Limburg
Telefon: 0 64 31 / 98 28 – 0
Fax: 0 64 31 / 98 41 16
E-mail: info@biwak.com
Internet: www.biwak.com

Diez
Bootswerkstätte Karl Danner
Koblenzer Straße 13 · 65582 Diez
Telefon: 0 64 32 / 8 13 89
Fax: 0 64 32 / 8 34 50
Internet: www.rhein-lahn-info.de/dannerboote
(In diesem Betrieb können auch Boote aus eigener Produktion gekauft werden, kann eine Kanu-Schulung gebucht werden und für Gruppen bis 17 Personen ein historischer „Diezer-Säcker-Nachen" für einige Stunden gemietet werden)

Nassau
Bootsverleih Hofmann ***
Bornstraße 14 · 56379 Weinähr
Telefon: 0 26 04 / 94 20 83
Fax: 0 26 04 / 94 20 84
(mit Bootsstation in Nassau an der Brücke)
E-mail: Firma@Lahn-Kanu-Charter.de
Internet: www.Lahn-Kanu-Charter.de

Obernhof (an der Brücke)
Kanu-Charter & Verkauf Wolff
Hauptstraße 26 · 56379 Weinähr
Telefon und Fax: 0 26 04 / 72 60

Dausenau
Thomas Kreutz
Auf der Au 29 b · 56132 Dausenau
Telefon: 0 26 03 / 1 39 64
Fax: 0 26 03 / 91 99 35
(mit Bootsstationen in Dausenau und Bad Ems)

Bad Ems
Bad Ems Touristik e.V.
Römerstraße 1 · 56130 Bad Ems
Telefon: 0 26 03 / 94 15 – 0
Fax: 0 26 03 / 44 48

Fachbach
GM – Sports
56132 Fachbach
Telefon: 0 26 03 / 93 34 66 · Fax: 0 26 03 / 93 34 67
E-mail: gm.sport@t-online.de
(Dieser Betrieb bietet auch Drachenboote an, organisiert Betriebsausflüge und Events)

Kanuverleiher an der Lahn
Der mit *** gekennzeichnete Verleiher ist ein Betrieb mit Gütesiegel der Bundesvereinigung Kanutouristik (BKT) und besonders zu empfehlen, weil dieser sich den strengen Kriterien verpflichtet hat.

Vermietet werden Einer- und Zweierkajaks sowie Zweier-, Dreier- und Vierercanadier (gelegentlich gibt es auch einen Zehnercanadier) für Tages- und Mehrtagestouren. Näheres auf Anfrage.
„absolut beginners" erhalten vor Fahrtbeginn eine kurze Einweisung. Normalerweise gehört zu jedem Boot folgende Ausrüstung: Paddel, Schwimmweste, wasserdichter Sack für Ersatzgarderobe, Provianttonne und eine Flussbeschreibung. Achten Sie darauf! Und fragen Sie auch nach dem Rückholtransport für Boot und Personen. Die Preise richten sich nach Personenzahl und Tagen. Näheres auf Anfrage beim Verleiher. In der Hochsaison empfiehlt sich eine Reservierung.
Gelegentlich werden auch Boote auf den Campingplätzen von den Betreibern angeboten.

Vorschläge für Tages- und Mehrtagestouren

Die Tagesetappen richten sich nach den Entfernungen der offiziellen Campingplätze. Wenn Sie sich ein Boot leihen, erhalten Sie eine Flussbeschreibung mit Etappenvorschlägen. Oder Sie stellen sich mit diesem Flussführer Ihre eigenen, individuellen Fahrtetappen selbst zusammen.

Roth – Wißmar (Camping Wißmarer See)	- 16 Km
Wißmar – Wetzlar-Niedergirmes (Camping Fischerhütte)	- 22 Km
oder Roth – Gießen	- 20 Km
Gießen (erstes oder zweites Wehr) – Wetzlar-Niedergirmes (Camping Fischerhütte)	- 5 Km
Dorlar – Schohleck	- 17 Km
Wetzlar-Niedergirmes – Weilburg-Odersbach (Camping Odersbach)	- 34 Km
Weilburg-Odersbach – Runkel (Camping Lahntours)	- 22 Km
Runkel – Limburg (Camping Limburg)	- 10 Km
Limburg – Laurenburg (Zeltmöglichkeit beim Gasthof zum Lahntal) oder	- 26 Km
Weiterfahrt bis Obernhof (Campingplatz) dann	- 34 Km
Obernhof – Dausenau (Campingplatz)	- 21 Km
Dausenau – Lahnstein	- 16 Km

(Zur Beendigung der Fahrt bietet sich der Campingplatz Wolfsmühle an, 2 Kilometer vor der Mündung)

Sicherheit hat Vorrang

- Nichtschwimmer gehören nicht in ein „kippliges" Kanu.
- Keine Tour bei Mittel- bis Hochwasser, wenn Sie keine Erfahrung haben.
- Keinen Mut an der Befahrung von Wehren zeigen. Sie wissen nie, wie's unten ausgeht, denn „Wasser hat keine Balken" und wenn's schiefgeht, sind Sie der Dumme, nicht derjenige, der Sie hochnäsig belächelt. Zeigen Sie Mut zur Hässlichkeit und umtragen Sie das Hindernis. Wer umträgt, ist kein Feigling! Im Bereich der Bundeswasserstraße ist das Befahren der Wehre ver boten.
- Saufen im Boot hebt die Stimmung, aber es ist der gleiche Effekt wie beim Autofahren: Ihre

Reaktionsfähigkeit wird stark gemindert – und das kann fatale Folgen haben! (Bootsverleiher dürfen keine Angetrunkene in ein Boot einsteigen lassen)

Alle Informationen über die Lahn finden Sie im Kapitel *Flussbeschreibung*

Mit dem Ruderboot auf der Lahn

...und kräftig in die Riemen legen

Für Ruderer gelten die gleichen Befahrungsregelungen auf der Lahn wie für Kanuten: Ein- und Ausstieg entweder bei den jeweiligen Bootshäusern, Campingplätzen, den offiziellen Ein- und Ausstiegstellen oder dort, wo Slipanlagen vorhanden sind → siehe *Flussbeschreibung.*

Ruderclubs und Bootshäuser an der Lahn

Marburg, Flusskilometer - 32, Marburger Ruderverein von 1911 e.V.
Gießener Straße 1, 35043 Marburg, Telefon: 0 64 21 / 7 83 88, Fax: 0 64 21 / 7 80 48

Gießen, (alle Vereine vor dem ersten Gießener Wehr)
Wassersportverein „Hellas" 1920 e.V. (mit Gaststätte)
Wißmarer Weg 125, 35396 Gießen, Telefon: 06 41 / 38 94 33, Fax: 06 41 / 3 37 21,
E-mail: info@ wsv-hellas.de
Ruder-Club „Hassia" 1906 e.V. (rechte Flussseite, mit Gaststätte)
Uferweg 14, 35398 Gießen, Telefon: 06 41 / 8 25 45
Gießener Rudergesellschaft 1877 e.V. (linke Flussseite, mit Gaststätte)
Bootshausstraße 12, 35390 Gießen, Telefon und Fax: 06 41 / 7 58 77

Wetzlar, Flusskilometer 11,3, Rudergesellschaft Wetzlar 1880 e.V.
Inselstraße 10, 35576 Wetzlar, Telefon: 0 64 41 / 4 58 33

Weilburg, Flusskilometer 39,5, Weilburger Ruderverein 1905 e.V.
Zevenaarstraße 3, 35781 Weilburg, Telefon und Fax: 0 64 71 / 3 05 26
Bootshaus: Am Bootshaus 1, 35781 Weilburg, Telefon: 0 64 71 / 3 91 93

Limburg, Flusskilometer 75,3, Limburger Club für Wassersport 1895-1907 e.V.
Postfach 1305, 65533 Limburg, Telefon und Fax: 0 64 82 / 63 60,
E-mail: frank.fassbender@arcormail.de
Bootshaus: Eschhöfer Weg 3, 65549 Limburg, Telefon: 0 64 31 / 2 37 67
Bad Ems, Flusskilometer 124,3, Ruderverein Bad Ems e.V.
Mainzer Straße, 56130 Bad Ems, Telefon: 0 26 03 / 21 00, Fax: 0 26 03 / 21 44

Lahnstein, Flusskilometer 137,0, Rudergesellschaft Lahnstein 1922 e.V.

Postfach 1324, 56103 Lahnstein, Telefon: 0 26 21 / 75 32

Bootshaus: Johannesstraße 51, 56112 Lahnstein, Telefon: 0 26 21 / 61 02 20

Deutscher Ruderverband,

Maschstraße 20, 30169 Hannover, Telefon: 05 11 / 9 80 94-0, Fax: 05 11 / 9 80 94-25,

E-mail: ruderverband@t-online.de

Marburg

Wetzlar

Mit Zelt oder Wohnmobil auf Campingplätzen urlaubern

Dies ist eine Kurzübersicht der vorhandenen Campingplätze im Tal der Lahn. Die genauen Informationen hierzu finden Sie im ➔ Kapitel *Flussbeschreibung* beim jeweiligen Ort.

Lahnquelle – Marburg

Bad Laasphe – Camping „Laasphetal"
Brungershausen – Camping Dammhammer
Kernbach – Camping Kernbach
Marburg – Camping Lahnaue

Marburg – Limburg

Wißmar – Camping Wißmarer See
Dutenhofen – Camping Dutenhofener Seen
Wetzlar/Niedergirmes – Camping Fischerhütte
Leun – Berg Camping (nicht am Fluss)
Braunfels – Campingpark Braunfels (nicht am Fluss)
Weilburg – Camping Odersbach
Gräveneck – Camping Gräveneck
Runkel – Camping Runkel
Limburg – Camping Limburg

Limburg – Lahnstein

Diez – Camping Mühlchen
– Camping Oranienstein
Laurenburg – Zeltplatz Gasthaus „Zum Lahntal"
Obernhof – Camping Obernhof
Langenau – Camping Schloß Langenau
Nassau – Camping Nassau
Dausenau – Camping Lahn – Beach
Bad Ems – Camping Bad Ems
Fachbach – Camping Bäderblick
Ahl – Camping Lahnbogen
Camping „Auf Ahl"
Lahnstein – Camping Wolfsmühle
Lahnstein – Camping Burg Lahnstein (neben der Burg)

Wohnmobil-Stellplätze

Dies ist eine Kurzübersicht der vorhandenen Wohnmobil-Stellplätze im Tal der Lahn. Die genauen Informationen hierzu finden Sie im → Kapitel *Flussbeschreibung* beim jeweiligen Ort.

Biedenkopf – 2 Stellplätze in der Stadt
Biedenkopf – Ortsteil Katzenbach
Biedenkopf – Breidenstein
Weilburg
Laurenburg

Jugendherbergen

Dies ist eine Kurzübersicht der vorhandenen Jugendherbergen im Tal der Lahn. Die genauen Informationen hierzu finden Sie im → Kapitel *Flussbeschreibung* beim jeweiligen Ort.

Biedenkopf • Marburg • Gießen • Wetzlar • Weilburg • Limburg • Diez • Bad Ems

Jugendzeltplätze

Dies ist eine Kurzübersicht der vorhandenen Jugendzeltplätze im Tal der Lahn. Die genauen Informationen hierzu finden Sie im → Kapitel *Flussbeschreibung* beim jeweiligen Ort.

Solms – Burgsolms • Leun • Leun – Bissenberg • Leun – Biskirchen • Weilburg • Lahnstein

Eine wichtige Adresse für Ihre Urlaubs-Aktivitäten

Informationen über Ihren geplanten Urlaubsort erhalten Sie bei den örtlichen Tourist-Informationen → siehe Kapitel *Flussbeschreibung* beim jeweiligen Ort.

Ergeben sich für Sie aber noch weitere Fragen bezüglich Ihrer geplanten Aktivitäten die dieser Bootswanderführer eventuell nicht beantwortet dann erhalten Sie hier Auskunft:

Lahntal-Kooperation · c/o Freizeitregion Lahn-Dill e.V.
35576 Wetzlar · Karl-Kellner-Ring 51
Telefon: 0 64 41 / 407-19 00 · Fax: 0 64 41 / 407 / 19 03

Tafel an der Lahnquelle

Flussbeschreibung

Die Lahn von der Quelle bis zur Mündung

Orte, Städte, Landschaften und der Fluss

Aus mehreren kleinen Quellen rieseln die Wässerchen eine Wiese zwischen Lahnkopf (624m) und Stiegelburg (628m) hinunter und vereinigen sich beim Forsthaus Lahnquelle in einem Quellteich unter einer schattigen Baumgruppe in 610 Meter Höhe. Hier nun beginnt sie ihren Lauf, obwohl davon nicht viel zu sehen ist, außer einer durchfeuchteten, waldgerahmten Wiese talwärts in östlicher Richtung. Erst die kleinen Bäche Ilse und Ilm, aus idyllischen Nebentälern kommend, machen aus ihr einen Bach, und durch weitere Zuflüsse wird sie dann ab Biedenkopf schon zu einem kleinen Fluss. Auf ihrem 242 Kilometer langem, windungsreichem Lauf fließt sie 549 Höhenmeter hinunter, bis sie bei Lahnstein auf 61 Höhenmetern ihre Wasser an den Rhein verliert. Von der Quelle bis zur Mündung sind es nur 80 Kilometer Luftlinie; wie schade, wenn uns 160 Kilometer vom „zärtlichstem" Nebenfluss des Rheins mit Hunderten von Windungen und Bögen ihres lieblichen Laufes durch reizvolle, wechselnde Landschaftsbilder fehlen würden.

Die offizielle Kilometrierung beginnt bei der Quelle mit Kilometer 110 abnehmend (mit einem Minuszeichen vor der Kilometerzahl in offiziellen Schriften) bis kurz nach Gießen, 1,3 Kilometer hinter Straßenbrücke Heuchelheim bei der Mündung des links einmündenden Kleebachs, an der ehemaligen preußisch-hessischen Grenze. Dort beginnt die Kilometrierung mit 0,0 aufsteigend bis zur Mündung bei Kilometer 137,3, die auch auf Tafeln am Ufer angezeigt werden. Da es am oberen Teil keine Kilometerangaben auf Tafeln am Ufer gibt, werden hier nur die ungefähren Entfernungsangaben zwischen den wichtigsten Orten genannt. Zur leichteren Orientierung und zum leichteren Rechnen der zu fahrenden oder gefahrenen Kilometer, beginnt in diesem Flussführer die Kilometerangabe anders herum mit 0,0 bei der Quelle und endet nach 99 Flusskilometern an der Badenburg bei Gießen mit –11 Kilometer bis zum Beginn der offiziellen Kilometrierung. Ab Badenburg ist die Lahn Bundeswasserstraße! 1. Ordnung.

Forsthaus Lahnquelle

Hotel – Restaurant – Café · 57250 Netphen-Lahnhof

Telefon: 0 27 37 / 2 41, Fax: 0 27 37 / 2 43 · Internet: www.forsthaus-lahnquelle.de

Lohnenswerte Ziele in der Umgebung:

Walpersdorf : Kohlenmeiler mit Köhlerhütte, Wanderparkplatz

Netphen: Alter Marktplatz mit Fachwerkhäusern

Hainchen: Höhenwasserburg von 1290

Die älteste Ansicht des Forsthauses Lahnhof (um 1815) nach einer Zeichnung von Friedrich Christian Reinermann

Die älterste Ansicht des Forsthaus

Glashütte

Kleine Ortschaft. Die junge Lahn plätschert hier munter abwärts, vorbei an dunklen Waldhängen oder durch saftige Wiesen. Blumengesäumt ihre Ufer, Einsamkeit und Stille im engen Waldtal.

Volkholz

Flusskilometer 12 Feudingen

Eine Befahrung der Lahn mit Kajaks von hier bis Bad Laasphe (15 Kilometer) ist nur selten möglich, entweder nach starken Regenfällen oder nach der Schneeschmelze und nur für wildwassererfahrene Kanuten. Einsatz an der Straßenbrücke am Ortsende beim Klärwerk. Viele kleine Wehre, meist fahrbar. Vor Bad Laasphe ein unfahrbares Steilwehr. Jedes Wehr vor einer Befahrung besichtigen, bei Hochwasser Walzenbildung!

Bei sommerlichem Niedrigwasser ist eine Befahrung der oberen Lahn nicht möglich.

Hotel Jagdhof Glashütte

Bermershausen

Sassmannshausen

Ab hier enges Waldtal, in dem nur die Lahn, die Eisenbahn und die B 62 Platz hat.

Bad Laasphe

... wo Kneippen gesund macht

Eingebettet in eine sanfte Mittelgebirgslandschaft liegt das kleine Städtchen Bad Laasphe. Umgeben von bewaldeteten Höhenrücken und überragt vom Schloss derer zu Wittgenstein. Hier öffnet sich das vorher enge Flusstal, die Berge treten zurück und machen Platz für moderne Industrie- und Gewerbeansiedlungen, die zwar heute unsere Umwelt nicht schöner machen, aber dafür das Leben der hier lebenden Menschen bequemer gestalten.

Schon seit Beginn des 20. Jahrhunderts war Laasphe eine beliebte Sommerfrische. Ab 1983 wurde der Stadt die Bezeichnung „Staatlich anerkanntes Kneipp-Heilbad" zuerkannt und seitdem führt sie den Zusatz „Bad" vor ihrem Namen.

Allgemeine touristische Informationen

Museen

Pilzmuseum im Haus des Gastes. Über 1.000 Ausstellungsstücke. Einzigartig in Westeuropa.

Die evangelische Kirche, urkundlich 1230 erwähnt, ist das älteste Gebäude der Stadt. Königstraße 49 ist das schönste Gebäude der Stadt. Königstraße 19 mit geschnitzten Weinkaraffen an einem Eckpfosten erinnert an das 1687 gebaute Gasthaus „Zum roten Ochsen". Wallstraße 7, 300 Jahre altes, typisches Ackerbürger- und Handwerkerhaus.

Radiomuseum, Bahnhofstraße 33. Telefon 0 27 52 / 97 98. Laut Guiness größtes Radiomuseum der Welt. Über 2.500 Exponate.

Camping

Campingplatz „Laasphetal", Wasserstraße 58, 57334 Bad Laasphe, Telefon: 0 27 52 / 64 90

Tourist-Information

Kurverwaltung, 57334 Bad Laasphe, Haus des Gastes, Telefon 0 27 52 / 8 98, Fax: 0 27 52 / 77 89

Grenze Nordrhein-Westfalen – Hessen

Hier kommen wir in das sogenannte hessische „Hinterland", auch spöttisch Hessisch Sibirien genannt. Der Name entstand, als im Dreißigjährigen Krieg die Hessen-Darmstädter diesen Landesteil den Hessen-Kasselern abnehmen konnten und es danach lange behielten. Beamte, die von der Residenz in Darmstadt in den hintersten Winkel beordert wurden, bezeichneten diesen Landstrich wegen der großen Entfernung zu ihrer Hauptstadt als „Hinterland". So heißt es noch heute. Sogar eine Tageszeitung führt diesen Namen in ihrem Titel.

Amalien-Hütte

Industriemuseum „Trafostation Amalienhütte", ein Werk der ehemaligen Hessischen Eisenhütte.

Flusskilometer 28 Brücke B 253

Ein- oder Ausstiegstelle für Kanuten nach der Brücke rechts. Achtung Baustelle. Bau einer Umgehungsstraße

Breidenstein

Rechts, an der B 253 Richtung Dillenburg. Schloss Breidenstein, ein Fachwerkbau, erbaut 1712-14 von den Freiherren von und zu Breidenbach, mit einem Neubau von 1910 (nur Außenbesichtigung). Im Schlosspark Reste einer 1395 erbauten Burg noch sichtbar.
Perfstausee
Wohnmobilstellplatz auf dem Parkplatz am Perfstausee → Zufahrt Hauptstraße, Perfstraße.

Wallau

Verwinkeltes, einst kleinbäuerliches Zentrum um die mittelalterliche evangelische Kirche, heute zweitgrößter Stadtteil von Biedenkopf. Der berühmteste Sohn von Wallau ist „Fritz Henkel", der als Erfinder des Waschmittels Persil und Gründer der Henkel Werke zu Weltruhm kam.

Museum „Heimatstube" (vom Bauerndorf zum Industrieort), Fritz-Henkel-Straße 75, Telefon: 0 64 61 / 8 92 96
Hallen- und Freibad in aussichtsreicher Hanglage

Der Quellteich
Foto: Forsthaus Lahnqelle

Mündung der Perf.
Nur für geübte und erfahrene Kanuten
Bei Hochwasser ab Niedereisenhausen fahrbar. 6 Wehre. Landschaftlich und sportlich reizvoll. Links Wallau. Eisenbahn- und Straßenbrücken. Nach etwa einem Kilometer Wehr, links umtragen. Ein- oder Austieg bei einem großen Parkplatz.

Ludwigshütte
Ihre Geschichte lässt sich bis 1531 zurückverfolgen und sie gilt als Wiege der Eisenindustrie im hessischen Hinterland. Der erste Hochofen wurde 1608 angeblasen. Sie ist heute noch in Betrieb und gehört zu den Buderus'schen Eisenwerken in Wetzlar.

Im Abstand von jeweils etwa einem Kilometer folgen zwei Wehre. Eventuell fahrbar. Das dritte Wehr ist nicht fahrbar und kann rechts umtragen werden.
Holzbrücke, danach links Kläranlage. Bei der Holzbrücke ist eine Wagenfurt. Eventuell hier einsetzen oder aufhören. Parken an der Straße zur Kläranlage. Zufahrt von der B 62 möglich.

Biedenkopf - Blick von der Altstadt zum Schloss

Flusskilometer 34 Biedenkopf

... ganz weit hinten im Hessenland

Hinterland, Grenzland. Eine wehrhafte Burg, auf einem steilen Bergkegel weithin sichtbar thronend, zur Grenzsicherung und Besitzstandwahrung vor 800 Jahren als der am weitesten vorgeschobene befestigte Punkt in der hessischen Verteidigung erbaut – aber schon in grauer Vorzeit gab es hier Verteidigungsanlagen – war sie besonders im 13. Jahrhundert in heftige Auseinandersetzungen mit den Herrschern aus Mainz und Nassau verwickelt. Von hier oben ließ sich das Lahntal gut überblicken.
Reizvoll das Gesamtbild der Stadt, wo sich die alten Häuser wie ein Ring dicht an den Schlossberg anlehnen.

Was man sonst noch alles unternehmen kann

Stadtrundgang oder Stadtführung

Mit der Stadtführer-Broschüre der Tourist-Information können Sie die Stadt auf eigene Faust entdecken oder sie vereinbaren dort eine geführte Stadtbesichtigung.

Museen

Hinterlandmuseum im Landgrafenschloss, geöffnet April – November

Photographisch-Optisches Museum, Dexbacher Straße 60

Puppe und Mensch. Ständige Ausstellung von Künstlerpuppen im historischen Fachwerkhaus im „Waldhotel Berggarten", Am Altenberg 1

Wochenmarkt

Freitags, auf dem Marktplatz

Essen und Trinken in rustikaler Umgebung

Waldhotel Berggarten, 35216 Biedenkopf, Am Berggarten 1, Telefon: 0 64 61 / 49 00, Fax: 0 64 61 / 33 44

Internet: www.berggarten.de

Gaststätte „Auf der Bach", Marktplatz 1, Telefon: 0 64 61 / 23 87

Schlossterrasse, im Landgrafenschloss mit schöner Aussicht auf die Stadt und das Lahntal, Telefon: 0 64 61 / 7 51 23

Jugendherberge

Haus der Jugend, Am Freibad 15, 35216 Biedenkopf, Telefon: 0 64 61 / 51 00

Wohnmobilstellplätze

In der Stadt: Am Stadtpark und am Lahnauenbad

Im Ortsteil Breidenstein: Parkplatz am Perfstausee

Tourist – Information

Verkehrsbüro der Stadt Biedenkopf, Mühlweg 1, 35216 Biedenkopf

Telefon: 0 64 61 / 9 50 10, Fax: 0 64 61 / 95 01 28, Internet: www.biedenkopf.de

Wehr im Stadtbereich links oder rechts umtragen.
Eisenbahnbrücke, danach Wehr, eventuell fahrbar

Eckelshausen

Stadtteil von Biedenkopf in aussichtsreicher Lage über der Lahn. Interessante Wehrkirche auf einem Felsplateau.

Die folgenden vier Wehre bis Friedensdorf, etwa im Abstand von je einem Kilometer, sind unfahrbar und müssen umtragen werden.

Das Tal der Lahn weitet sich mehr und mehr. In vielen Windungen fließt sie durch weite Wiesenflächen, streckenweise auch dicht an der stark befahrenen B 62, dann schwingt sie wieder zurück an stille dunkle Waldränder, kommt an einer bunten Kette von Ortschaften vorbei, an ehemaligen Hütten und Mühlen, überwindet Wehre und strömt dahinter sanft plätschernd an Bauernhöfen und Wiesen mit schwarz-bunten Kühen vorbei.

Caldern

Am Oberlauf

Die Mühle Argenstein

Kombach (linke Flussseite)
Der Ort erlangte eine gewisse Berühmtheit durch den „Postraub in der Subach" anno 1822. Durch wirtschaftliche Not waren neun Männer aus dem Ort auf den Gedanken gekommen, ihre Lage durch diesen Raub zu verbessern. Es gelang ihnen auch, nur verrieten sie sich anschließend durch ihren plötzlichen Reichtum. Volker Schlöndorff hat diese Story verfilmt.

Wolfsgruben (rechte Flussseite)

Wilhelmshütte (rechte Flussseite)

Dautphe (rechte Flussseite)
Die Großgemeinde Dautphetal zwischen großen Wald- und Wiesenflächen besteht aus 12 kleinen Orten mit dem Hauptort Dautphe, dem der gleichnamige kleine Wiesenbach den Namen gab. Schon in vorchristlicher Zeit besiedelt blickt Dautphe auf eine über 1200-jährige Geschichte zurück.

Lohnenswerter Abstecher: der Aussichtsturm auf dem Hünstein in 504 Meter Höhe bei Holzhausen. Zufahrt von Dautphe über die B 453 Richtung Herborn. Nach etwa zwei Kilometern nach Holzhausen abbiegen. Von dort auf die Höhe laufen.
Information: Gemeindeverwaltung, Hainstraße 1, 35232 Dautphetal, Telefon: 0 64 66 / 9 20-0, Fax: 0 64 66/ 92 04 90.
E-mail: Gemeinde Dautphetal@t-online.de – Internet: www.dautphetal.de

Flusskilometer 41 Straßenbrücke Friedensdorf

Friedensdorf (rechte Flussseite. Ortsteil von Dautphetal)
Der Ort verdankt seinen Namen einem Mann, der „Friedhelm" hieß und der diesen Ort einmal gegründet haben soll. Mit friedlichen Absichten hat dieser Ortsname also nichts zu tun, obwohl es ein friedlicher Ort war und noch heute ist.

Heimatmuseum in der Alten Kirche, Kirchweg 6. Besichtigung nach Vereinbarung, Telefon: 0 64 66 / 3 61

Bis Buchenau vier Wehre. Vor der Straßenbrücke Buchenau in kurzen Abständen drei Wehre hintereinander. Rechts umtragen.

Carlshütte
Etwa zwei Kilometer hinter Friedensdorf liegt auf der rechten Flussseite die 1844 errichtete Carlshütte, in der bis 1949 Erz verhüttet wurde. Sie fällt auf durch den langen, markanten Fachwerkbau, das ehemalige Lagerhaus, das auf dem Dach mit einem kupferverkleideten Dachreiter verziert ist.
Im Hintergrund erhebt sich der 402 Meter hohe Hohenfels, auf den man hinauf wandern kann.

Flusskilometer 47 Buchenau (linke Flussseite. Ortsteil von Dautphetal)
Erstmals 1238 erwähnt.

Heimatmuseum Altes Rathaus, Alte Landstraße 12a, Telefon: 0 64 66 / 380. Geöffnet mittwochs 17 – 19 Uhr oder nach Vereinbarung. Schwerpunktthemen der Ausstellung sind Haushalt und Küche aus vergangener Zeit.

Nach der Eisenbahnbrücke hinter Buchenau zwei Wehre kurz hintereinander. Etwa 100 Meter umtragen. Kurz danach Campingplatz Dammhammer, links. Gute Ein- oder Ausbootstelle.

Elmshausen (rechte Flussseite, etwas abseits gelegenes kleines Bauerndorf)
„Landgasthof Freund" mit schöner Terrasse und Biergarten.

Brungershausen (linke Flussseite, hinter Eisenbahn und B 62 am Hang gelegen)
Eine sagenumwobene Felsgruppe auf dem Wollenberg bei Brungershausen ist ein beliebtes Ausflugs- und Wanderziel.
Information siehe Gemeinde-Verwaltung Lahntal-Sterzhausen.

Campingplatz Dammhammer (linke Flussseite)
Direkt am Ufer der Lahn. Ruhig gelegen. Mit Gaststätte, Biergarten und Schwimmbad. Einkaufsmöglichkeit. Gegenüber,auf der anderen Flussseite, erhebt sich ein bewaldeter Berg mit dem seltsamen Namen „Rückspiegel".
Zufahrt von der B 62 bei der Ausfahrt „Lahntal-Brungershausen" mit dem Hinweis „Campingplatz".
Campingplatz Dammhammer, Zum Dammhammer 2, 35094 Lahntal-Brungershausen
Telefon: 0 64 20 / 71 72, Fax: 0 64 20 / 82 28 46
E-mail: Dammhammer @ Hessencamping.de – Internet: www.hessencamping.de

Kernbach (rechte Flussseite)
Campingplatz Kernbach am Ufer der Lahn, ganzjährig geöffnet.
35094 Lahntal-Kernbach, Zum Campingplatz 4, Telefon: 0 64 20 / 74 94

Vor der Straßenbrücke Kernbach Wehr, links umtragen. Nach einem weiteren Kilometer das nächste Wehr. Unfahrbar, rechts umtragen.
Flusskilometer 52 ***Caldern rechts. Brücke.***
Achtung! Der folgende Flussabschnitt bis Sterzhausen ist für eine Befahrung ganzjährig gesperrt wegen des 300 Meter langen Naturschutzgebietes „Lahnknie" bei Michelbach.
(Auskunft der Unteren Naturschutzbehörde in Giessen).
Schade, denn diese Strecke am Oberlauf war bei Kanusportlern aus der Umgebung beliebt, weil auf einer Länge von 13 Kilometern die Lahn unverbaut ist und kein Wehr die Fahrt behindert. Etwas unverständlich ist diese harte Maßnahme denn doch wenn man bedenkt, dass dieser Flussabschnitt nur gelegentlich von Kanuten befahren wurde und hier kein Massentourismus stattfand. Eine Sperrung während der Brut- und Laichzeit im Frühjahr wäre sicher ausreichend gewesen um Pflanzen und Tieren ausreichenden Schutz für ihre Entwicklung zu geben. So ist mancher Betroffener geneigt anzunehmen, dass Naturschutz immer mehr zur Selbstverwirklichung interessierter Gruppen, Verbände und Naturschutzbehörden wird.

Caldern (rechte Flussseite)

Sehr schön gelegene Ortschaft an einem Hang über den sich immer mehr verbreiternden Lahnauen. Überragt werden die bunten Häuser vom Turm der spätromanischen Wehrkirche auf dem Klosterberg, die 1235 erstmals erwähnt wurde.

In einem restaurierten Fachwerkhaus ist das Heimatmuseum untergebracht, das die Lebensverhältnisse im 18. und 19. Jahrhundert zeigt. Telefon: 0 64 20 / 238

Lohnenswert ist ein Ausflug auf den 500 Meter hohen Rimberg, von Caldern Richtung Damshausen. Dort oben steht ein 24 Meter hoher Aussichtsturm und bei klarer Sicht hat man einen etwa 80 Kilometer weiten Rundumblick. Vor etwa 2000 Jahren gab es hier oben eine keltische Festung, deren Wallanlagen noch schwach zu erkennen sind.

Sterzhausen (linke Flussseite)

Hauptort der Verbandsgemeinde Lahntal mit den Ortsteilen Brungershausen, Kernbach, Caldern, Goßfelden und Sarnau.

Lang gestrecktes Straßendorf, das in den siebziger Jahren bundesweit berühmt wurde. Ein dort ansässiger Metzger verkaufte Wurst- und Fleischwaren zu absoluten Niedrigstpreisen.

Information: Gemeinde Lahntal, Oberdorfer Straße 1, 35094 Lahntal,
Telefon: 0 64 20 / 8 23 00, Fax: 0 64 20 / 82 30 30, E-mail: info@lahntal.de – Internet: www.lahntal.de

Flusskilometer 55 Sterzhausen

Ab hier ist eine Befahrung der Lahn nach der zweiten Brücke wieder möglich. Geht genügend Wasser über die Steinschüttung, ist der Wasserstand ausreichend. Auf den nächsten sechs Kilometern freie Fahrt, mit vielen Stromschnellen, bis zum Wehr bei Cölbe, links umtragen.

Alte Lahnbrücke in Großfeldern

Marburg an der Lahn

Goßfelden (rechte Flussseite)

Alte Steinbogenbrücke über die Lahn.

Gerichtsstätte des Deutschen Ordens mit Gerichtslinde und Gerichtstisch nahe der alten Lahnbrücke.

Museum des Marburger Malers Otto Ubbelohde, der für die Erstausgabe der Grimm'schen Märchen die Bilder gemalt hat und dadurch weltberühmt wurde. In der mittelhessischen Landschaft fand er die Motive für seine Bilder. So ließ er über dem Rimberg Frau Holle die Betten ausschütteln und den berühmten Rapunzelturm fand er in einem Lusthäuschen in Amönau.

Otto-Ubbelohde-Haus, Otto-Ubbelohde-Weg 30, Telefon: 0 64 23 / 65 49 Geöffnet samstags und sonntags von 11 – 17 Uhr

Sarnau (rechte Flussseite)

Mündung der Ohm. Sie kommt aus dem Vogelsberg und hat meist mehr Wasser als die Lahn. Fahrbar ab Nieder-Gemünden (bei Homberg/Ohm) oder Schweinsberg.

Jetzt ist die Lahn zu einem wasserreichen Fluss geworden. Abrupt ändert sie ihre Fließrichtung. In einem großen Bogen umrundet sie die steilen Berge bei Cölbe und fließt nun in südwestlicher Richtung.

Cölbe (rechte Flussseite)

Erstmals urkundlich 1244 erwähnt. Kunstvoll bemalte Ostereier haben eine lange Tradition im Marburger Land. Aber hier gibt es in der Gemeindehalle eine ständige Ostereier-Ausstellung die sehenswert ist.

Ostereiermarkt an einem Wochenende vor Ostern. Genauen Termin bei der Gemeindeverwaltung erfragen.

Telefon: 0 64 21 / 98 50-0

Wehrda (rechte Flussseite)

Vor der Straßenbrücke Wehr links umtragen.

Im Ort steht eine typisch hessische Wehrkirche mit Schießscharten in der Friedhofsmauer und im Turm ein Wehrobergeschoss, erbaut um 1300.

Flusskilometer 70 Stadtbereich Marburg

Beidseitig von Bäumen gesäumt erreicht die Lahn den Stadtanfang. Rechts, oberhalb der Straße, Bootshaus des Marburger Kanu-Clubs. Links Bootshaus der Vereinigung Marburger Kanufahrer. **Wehr Afföller, links umtragen und auf der linken Seite weiterfahren. Nicht in den Mühlkanal einfahren.** Danach Straßenbrücke und kürzester Weg zum Bahnhof.

Straßenbrücke. Weidenhäuser Brücke. Sehr romantisch die kleinen, dicht aneinander gebauten Häuser am rechten Ufer.

Danach Wehr, links umtragen, Anlegesteg. Holzbrücke für Fußgänger. Jetzt fließt die Lahn wieder munter und ist idyllisch von Weiden und Sandbuchten gesäumt.

Flusskilometer 74

Campingplatz links. Idealer Platz zur Besichtigung der Stadt und zum Beginn einer Wanderfahrt. Paddlerfreundlich.

Marburg an der Lahn

... wo Hessen entstand

Fährt man von Gießen nach Marburg, grüßt schon von weitem der Schlossberg mit dem weitläufigen Landgrafenschloss auf einer Felsnase hoch über der Stadt und dem Lahntal , darunter die vielen bunten Dächer und Giebel der scheinbar an den steilen Hang geklebten Häuser, der spitze Turm der Marienkirche sowie die Doppeltürme der Elisabethkirche. Ein romantisches Bergstädtchen, in welchem man „seine Beine rühren muss und treppauf, treppab steigen", wie schon die hier seinerzeit studierenden Gebrüder Grimm feststellten.

Allgemeine Touristische Informationen

Museen und Sehenswürdigkeiten

Elisabethkirche, Elisabethstraße.

Landgrafenschloss und Universitätsmuseum für Kulturgeschichte, Am Schloss 1.

Mineralogisches Museum, Firmaneiplatz.

Religionskundliche Sammlung, Landgraf-Phillip-Straße 4.

Universitätsmuseum für Kunst- und Kulturgeschichte, Biegenstraße 11.

Kindheitsmuseum, Barfüßertor 5

Interessante Feste

Feuerzangenbowlennacht

Traditionelle Aufführung des bekannten Filmklassikers auf dem Marktplatz im Januar

Stadtfest

Drei Tage Markttreiben, Musik und Kleinkunst in der ganzen Stadt, Anfang Juli

Lohnenswerte Wanderung

Eine Waldwanderung hinauf zu Marburgs schönstem Aussichtspunkt, zum Spiegellustturm und Kaiser-Wilhelm-Turm. Entweder mit Buslinie 7 bis zum Klinikum fahren oder zu Fuß aus der Stadt über Weidenhäuser Brücke, Erlenring, Georg-Voigt-Straße bis zum Spiegellustweg und auf beschildertem Weg durch den Wald nach oben.

Wochenmarkt, Mittwoch und Samstag vormittag

Essen und Trinken in rustikaler Umgebung

Gasthaus und Hotel „Zur Sonne", Markt 14, Telefon 0 64 21/1 71 90, Fax 17 19 40

Weinlädele (gemütliche Weinstube), Schlosstreppe 1, Telefon 0 64 21 / 1 42 44

Altes Brauhaus, Pilgrimstein 34, Telefon 0 64 21 / 2 21 80, Fax 2 21 04, E-mail: k.wetzlar@altesbrauhaus.de

Internet: www.altesbrauhaus.de

Campingplatz

Trojedamm 47, Lahnaue, Telefon und Fax 0 64 21 / 2 13 31. Zufahrt von der B3, Ausfahrt Marburg – Mitte (beschildert).

Jugenherberge

Jahnstraße 1, Telefon 0 64 21 / 2 34 61, Fax 0 64 21 / 1 21 91

Tourist – Information

Pilgrimstein 26, 35037 Marburg, Telefon 0 64 21 / 99 12-0, Fax 0 64 21 / 99 12-12

E-mail: mtm @ marburg.de, Internet: www.marburg.de

Die Lahn ist ab Sterzhausen bis zur Ohm-Mündung nur bei Hochwasser (- die Steinschüttung in Sterzhausen sollte befahrbar aussehen)und nur für sehr Geübte befahrbar . Üblicherweise wird die Befahrung der Lahn in Marburg beim "⛺Lahnaue" begonnen.

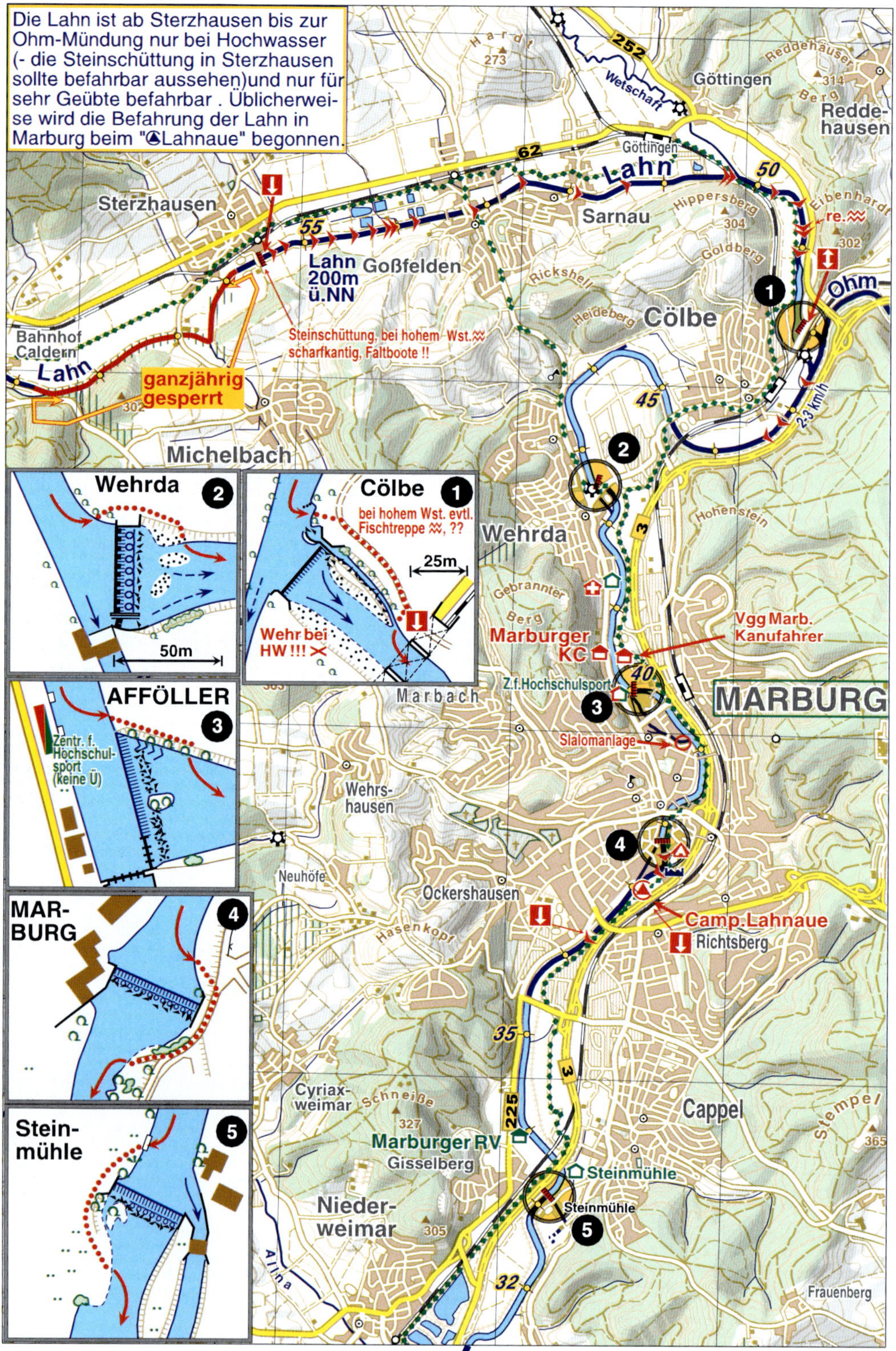

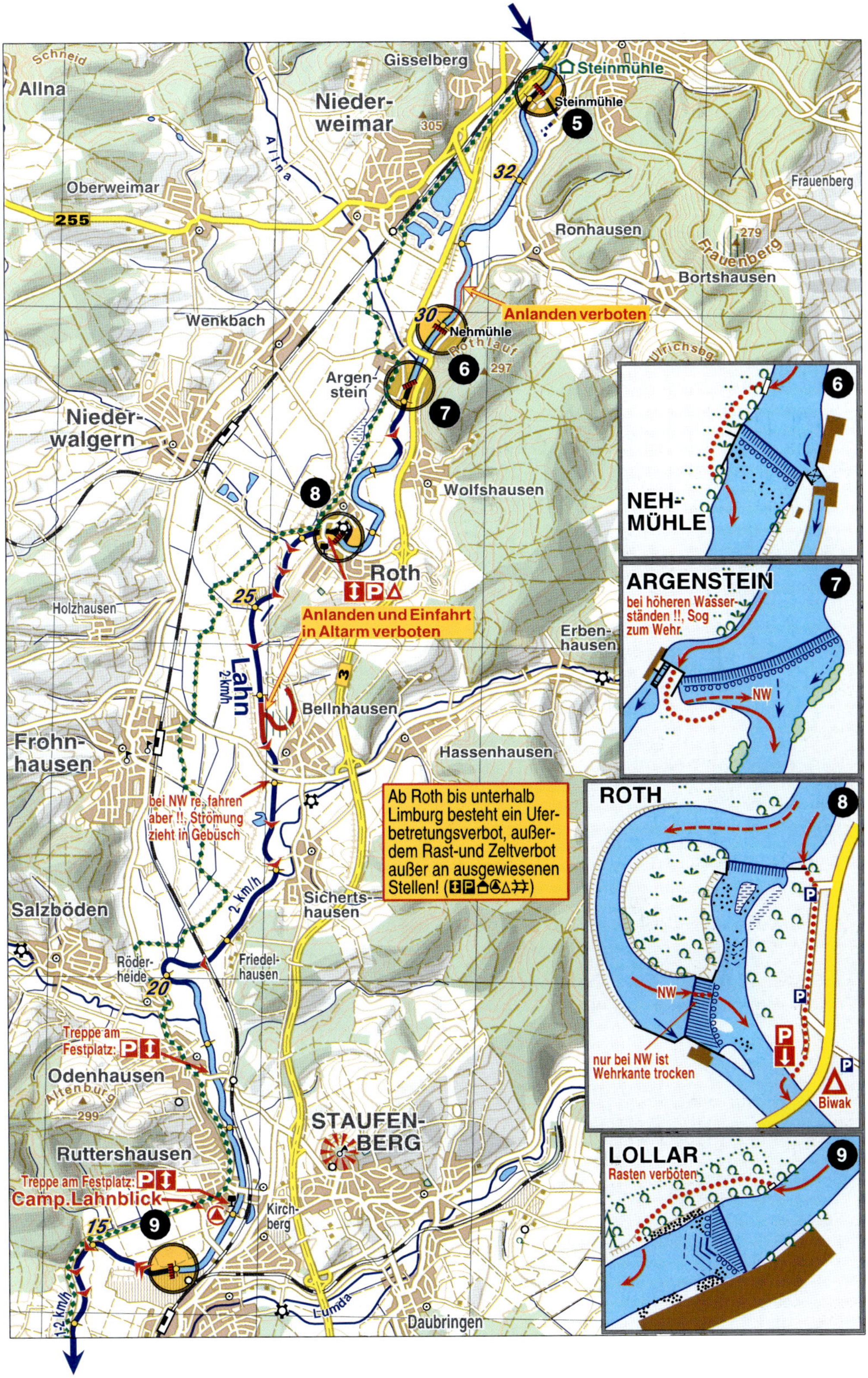

Schneid
Allna
Gisselberg
Nieder-
weimar
305
Steinmühle
Steinmühle
5
32
Frauenberg
Oberweimar
255
Ronhausen
279
Frauenberg
Bortshausen
Allna
Wenkbach
30
Anlanden verboten
Nehmühle
Rothlauf
Ulrichsbg.
6
297
Argen-
stein
7
Nieder-
walgern
Wolfshausen
8
Roth
Holzhausen
25
Anlanden und Einfahrt
in Altarm verboten
Erben-
hausen
Lahn
2 km/h
3
Bellnhausen
Frohn-
hausen
Hassenhausen
bei NW re. fahren
aber !!, Strömung
zieht in Gebüsch
Ab Roth bis unterhalb Limburg besteht ein Uferbetretungsverbot, außerdem Rast-und Zeltverbot außer an ausgewiesenen Stellen!
2 km/h
Sicherts-
hausen
Salzböden
Röder-
heide
Friedel-
hausen
20
Treppe am
Festplatz:
Odenhausen
Altenburg
299
STAUFEN-
BERG
Ruttershausen
Treppe am Festplatz:
Camp.Lahnblick
9
15
Kirch-
berg
1-2 km/h
Lumda
Daubringen
NEH-
MÜHLE
6
ARGENSTEIN
7
bei höheren Wasser-
ständen !!, Sog
zum Wehr.
NW
ROTH
8
P
P
NW
nur bei NW ist
Wehrkante trocken
P
P
Biwak
LOLLAR
9
Rasten verboten

Mit ausreichend Wasser unterm Kiel verlassen wir nun mit unseren kleinen Booten das Stadtgebiet von Marburg und der Verkehrslärm ebbt langsam ab. 33 erlebnisreiche Flusskilometer bis Gießen liegen nun vor uns. Jetzt wird das Lahntal weit und breit, die bewaldeten Höhenrücken machen Platz für Wiesenauen, Felder und Weiden. Wir unterqueren zwei Straßenbrücken, danach kommt rechts das ***Bootshaus des Marburger Rudervereins,*** eine Eisenbahnbrücke und die Autobahnbrücke der B3a.
Nach etwa 4 Kilometern erreichen wir das ***Wehr Steinmühle.***
Unfahrbar. Rechts umtragen. Links wird das Wasser zum Kraftwerk der Mühle abgeleitet. Vorsicht Sogwirkung!

Niederweimar (rechte Flussseite, rechts der B3)
Baggerseen. Baden, Surfen, Angeln.

Achtung! Die Lahn ist auf einer Länge von 700 Metern in ihrer gesamten Flussbreite Bestandteil des links liegenden Naturschutzgebietes. Durchfahren der Wasserstrecke erlaubt, Anlanden verboten.

Flusskilometer 81 Wehr Nehmühle. Rechts umtragen.
Rechts oben an der B3 Gasthaus „Ochsenburg" mit eigener Hausschlachtung, preiswerte deutsche Küche und Biergarten. Von der Umtragestelle (Boote liegenlassen) etwa 100 Meter gradaus laufen, dann Feldweg etwa 200 Meter nach oben.
Brücke B3.

Flusskilometer 82 Wehr Argenstein. Wehr unfahrbar. Rechts umtragen.
Bootsanlagestelle beschildert. Kleiner Bootssteg. **Vorsicht! An der Anlegestelle zieht links das Wasser zum Wehr und rechts zum unterschlächtigen Mühlrad. Bei Niedrigwasser kein Problem, aber bei höherem Wasserstand starker Sog und Lebensgefahr!** Eventuell links fahrbar oder links über Privatgelände umtragen, wenn es der Besitzer genehmigt. Auch das Mühlengelände ist Privatbesitz! Sehr schöner Rastplatz mit Bänken und einem Mühlstein als Tisch aber nur für Einzelreisende, keine Gruppen.
Historische Mühle Argenstein. Sie gehört mit zu den ältesten Mühlen im Marburger Land. 1332 wurde sie bereits urkundlich als Erbleihmühle „Argostene" erwähnt.

Wolfshausen (linke Flussseite oben am Berghang, mit Gasthaus, Hotel)

Roth (linke und rechte Flussseite)

Flusskilometer 83 **Roth. Wehr**
Wehr unfahrbar. Vor dem ersten Wehr links aussteigen und 250 Meter über den Weg bis zur Einsetzstelle unter der Straßenbrücke umtragen.

Roth ist auch Standort der Firma Lahntours (Bootsverleih)

→ *Ein- und Ausstiegstelle + Rastplatz am linken Flussufer an der Straßenbrücke*

PKW-Zufahrt möglich, Parkplatz, WC, Gastronomie, Einkaufsmöglichkeit

- Beste Einsetzstelle zum Beginn einer Lahn-Wanderfahrt -

– Beginn des Landschaftsschutzgebietes „Auenverbund Lahn – Dill" – von Roth bis Limburg

Anlanden, rasten, ein- oder aussetzen nur an den mit grünen, weithin sichtbaren Hinweistafeln ausgewiesenen Plätzen erlaubt! Nicht jede Treppe am Ufer ist auch eine offizielle Ein- oder Ausstiegstelle oder ein Rastplatz. Dies unbedingt beachten!

Bis Bellnhausen kanalisierte Flussstrecke

Bellnhausen (linke Flussseite)

Vor Bellnhausen gehört die Lahn auf einer Länge von 600 Metern zum links gelegenen Naturschutzgebiet „Altarm Bellnhausen" – Anlanden und Einfahren in den Altarm verboten. Straßenbrücke Bellnhausen - Fronhausen. Vorsicht! Bei Niedrigwasser rechts fahren und aufpassen, Strömung zieht ins Gebüsch.

Fronhausen (rechte Flussseite, etwa 2 Kilometer vom Fluss entfernt)
Auf einem Hügel, umgeben von zwei wuchtigen, alten Lindenbäumen, die uralte Kirche im Stil einer Wehrkirche mit malerischer Haube, an der vier Wachtürmchen kleben.

Sichertshausen (linke Flussseite)
Friedelhausen (linke Flussseite, mit Renaissanceschlösschen am Waldrand – keine Besichtigung möglich)
Röderheide (rechte Flussseite)
Salzbödetal (rechte Flussseite, Mündung der Salzböde in die Lahn)
Der Name steht in Verbindung zu salzhaltigen Quellen, die das gleichnamige Bächlein speisen. Das Salzbödetal ist unter Wanderern ein Geheimtip.

Lollar – Odenhausen (rechte Flussseite)

Straßenbrücke Odenhausen-Staufenberg.
→ Ein- und Ausstiegstelle + Rastplatz am rechten Flussufer vor der Straßenbrücke
PKW-Zufahrt möglich, Parkplatz, Einkaufsmöglichkeit, Bahnstation.

Staufenberg (linke Flussseite, etwa 2 Kilometer von Odenhausen entfernt)
Auf einem steilen Basaltkegel klebt wie ein Adlerhorst oben auf der Spitze das kleine Städtchen Staufenberg, überragt von den alten Mauern der Burg Staufenberg. Unübersehbar der wuchtige

Picknickplatz an der Mühle Argenstein

Die Nehmühle

Torturm und drumherum buntes Häusergeschachtel.

Burg Staufenberg, Burggasse 10, 35460 Staufenberg, (nur begrenzte Parkmöglichkeiten in der Burg)

Telefon: 0 64 06 / 30 12 oder 30 14, Fax: 0 64 06 / 7 24 92 Internet: www.burg-staufenberg.de

Heimatmuseum Staufenberg, Vorstadt 15, geöffnet am letzten Freitag des Monats von 16 – 18 Uhr.

Lollar – Ruttershausen (rechte Flussseite)

Nach der Brücke rechts großer Platz, Gaststätten und Campingplatz sowie eine Treppe am Ufer. Achtung! Keine offizielle Ein- und Ausstiegstelle. Hier wünscht man, dass dieser Platz nicht angesteuert wird. Campinglatz „Lahnblick" nur für Dauercamper! Nach etwa einem Kilometer kommt das Wehr von Lollar.

Wehr Lollar

Rechts durch den Wald umtragen. Kein Rastplatz!

Etwa 1 Kilometer nach dem Wehr links Bootshaus des Kanu-Clubs Wassersport Lollar. Aufenthalt nur mit Genehmigung durch den Verein.

Lollar (linke Flussseite)

Nähert sich der Lahntaltourist der Stadt Lollar, wird er schon von weitem gewahr, dass hier ein bedeutender industrieller Standort am Ufer der Lahn entstanden ist. Der Fluss schlägt dann auch schnell einen großen Bogen und wendet sich dem Wald zu.

Wißmarer See (rechte Flussseite)

Flusskilometer 98 **Campingplatz – Erholungsgebiet Wißmarer See**

Am See, 35436 Wettenberg-Wißmar, Telefon: 0 64 06 / 7 29 16 und 7 56 97, Fax: 0 64 06 / 7 39 17

→ Ein- und Ausstiegstelle am rechten Flussufer

PKW-Zufahrt möglich, Rastplatz, WC, Gastronomie, Einkaufsmöglichkeit, Unterkunftsmöglichkeit, Busverbindung, Bademöglichkeit (300 qm Sandstrand).

Wettenberg (rechte Flussseite, mit den Ortsteilen Wißmar, Launsbach, Krofdorf-Gleiberg)

Badenburg (linke Flussseite)

Von dem einstigen Hofgut am Ufer der Lahn, errichtet als Sitz einer landgräflichen Vasallenfamilie, existieren heute nur noch Mauerreste und ein Wohnhaus. Die erhalten gebliebenen Bauteile, die auch heute noch wie eine wuchtige Burg dem Betrachter erscheinen, wurden saniert und zu einem Ausflugslokal ausgebaut. Im Ritterkeller und in der Turmstube lässt es sich gut tafeln. Auch heute noch liegt die Badenburg versteckt zwischen hohen Bäumen und ist nur über einen kleinen Weg zwischen Kleingärten hindurch zu erreichen (von Wißmar aus beschildert). Unterhalb rauscht recht munter die Lahn unter Slalomstangen dahin, zwischen denen sich Kanuten hindurch schlängeln.

14
NAUNHEIM
200m
200m
an der nur für kurze Boote (Zäune)
Schl.SB
100m
DORLAR
13
Das Wehr sieht aus, aber Querriegel im Unterwasser, Steckgefahr, Lebensgefahr
DORLAR
Schl. SB
100m
300
348
Blasbach
AK 2/29 Wetzlarer Kreuz
Metzebach
Längenbach
Bieber
Herrmann-stein
Naunheim
Waldgirmes
Kinzen-bach
Lahnau
Camp.Wetzlar
Nieder-girmes
Dorlar
Atzbach
in beide Richtungen aufsteigende km
Dill
10
5
0
Lahn
RG Wetzlar
AS 30 Wetzlar-Ost
Garbenheim
Duten-hofen
45
15
WETZLAR
16
277
Frei-bad
Boote können getreidelt werden
HW
WETZLAR-2
16
HW
NW
Rollenbahn
??
200 m
15
WETZLAR-1
Ponton-brücke
100m

Kirch-berg
15
9
Erlental
1-2 km/h
KC Lollar
Lumda
Camp. Wißmarer See
Wißmar
LOLLAR
281
Lollarkopf
1 km/h
Wettenberg
Hangelstein
Krofdorf-
Launsbach
PC Wißmar
Badenburg
Gießener Nordkreuz
Vetzberg
250
(Wiesecker KC)
267
-10
485
308
-Gleiberg
480
AS 2 Gießen-Wieseck
AS Wettenberg
WSV Hellas
Bieber
Fohnbach
Wieseck
Kinzenbacher Mühle
Kinzen-bach
10
GRC Hassia
SKC Gießen
AS 4 Gießen-Ursulum
-5
Gießener RG
AS 5 Gießen Grünberger Str.
11
Heuchelheim
GIESSEN
429
in beide Richtungen aufsteigende km
12
AS 6 G.-Licher Str.
0
AS 7 G.-Schiffenberger Tal
49
Kleinlinden
485
AS 8 Bergwerks-wald
Schiffenberg
GIESSEN-2
11
Boots-gasse
max. 120cm Boots-breite
R:treideln
!!!
GIESSEN-1
10
!!!
Boots-gasse
max. 120cm Boots-breite
R:treideln
Allendorf
Kleebach
GIESSEN-3
12
!!!
Bootsgasse 120 cm (geringe Höhe)
Lützel-linden

99 Flusskilometer von der Quelle entfernt.

Unterhalb der Badenburg Slalomstrecke der Kanu-Vereine.
Links Bootshaus und Zeltplatz des Wiesecker Kanu-Clubs.
Rechts Bootshaus und Zeltplatz des Paddelclubs Wißmar.
- Aufenthalt nur mit Genehmigung durch den Verein -

Ab hier ist die Lahn Bundeswasserstraße 1. Ordnung und das Verhalten im Bootsverkehr ist gesetzlich geregelt. Auf den Informationstafeln an den Ein- und Ausstiegstellen können Sie sich über die wichtigsten Regelungen informieren.

Beginn der offiziellen Kilometrierung mit – 11

Autobahnbrücke

Flusskilometer – 9,9 Straßenbrücke Gießen – Wißmar
➔ ***Ein- und Ausstiegstelle + Rastplatz am linken Flussufer***
PKW-Zufahrt möglich. Slipanlage

- Stadtbereich Gießen -

Flusskilometer – 5,8 Links Gaststätte, Bootshaus und Zeltplatz des Ski- und Kanu-Clubs Gießen. Aufenthalt nur mit Genehmigung durch den Club. Gute Einsetzstelle in Gießen. PKW-Zufahrt möglich (Vor der ersten Lahnbrücke im Stadtbereich / Rodheimer Straße, von der Innenstadt kommend, gleich nach der Eisenbahnunterführung rechts, Parkplatz und parallel zum Bahndamm die Bootshausstraße).

Das Restaurant – Cafe mit schöner Lahnterrasse und umfangreicher Speisen- und Getränkekarte, geöffnet Dienstag – Samstag 16 – 1.00 Uhr, Sonntag 11 – 1.00 Uhr, Telefon: 06 41 / 39 03 61

Flusskilometer – 5,5 Rechts Bootshaus und Gastätte des Ruderclubs Hassia.

Flusskilometer – 5,2 Links Gießener Rudergesellschaft. Bootshaus mit Gaststätte und Biergarten am Ufer der Lahn

Gießen

... eine moderne Stadt

Es wird wohl nur ein Streifzug werden durch diese eigentlich alte Stadt für denjenigen, der ein historisches Stadtbild sucht. Am 6. Dezember 1944, im Bombenhagel alliierter Bomberverbände, wurde die alte Stadt fast vollständig vernichtet. Der Wiederaufbau nach dem Krieg, mit dem Problem der Wohnungsnot und der Bewältigung wirtschaftlicher Probleme, ließ keine Zeit für architektonische und planerische Glanzstücke und für die Rekonstruktion zerstörter, historischer Gebäude war ohnehin kein Geld vorhanden. Durch diese rigorose Aufbauphase ist Gießen

heute eine moderne Stadt, ein Wirtschaftszentrum im Oberhessischen Raum, in der das moderne Leben pulsiert. Durch die vielen Studenten an der *Justus-Liebig-Universität* ist Gießen heute auch eine sehr junge Stadt geworden.
Sie hat sich in einem weiten Talbecken ausgebreitet, umgeben von den Burgbergen Vetzberg, Gleiberg, Dünsberg, Hangelstein – basaltische Kuppenreste aus der Zeit des tertiären Vulkanismus und dem Gießener Hausberg Schiffenberg (281m) mit einer ehemaligen Klosteranlage. Autobahnen umklammern die Stadt und dadurch ist sie verkehrstechnisch hervorragend erschlossen.

Allgemeine Touristische Informationen

Museen

Oberhessisches Museum, Altes Schloss, Brandplatz 2
Burgmannenhaus/Leibsches Haus, Georg-Schlosser-Straße 2
Wallenfels'sches Haus, Kirchplatz 6
Liebig-Museum (es zählt zu den fünf wichtigsten Chemiemuseen der Welt), Liebigstraße 12

Stadtführungen

Die geschichtliche Entwicklung · Die städtebauliche Entwicklung · Der Alte Friedhof · (Un)heimliches Gießen
Sturm & Drang & Werther Fieber · Burschen, Büchner & Co

Interessante Feste

Gießener Stadtfest in der Fußgängerzone im August
Pfingstregatta, Anfang Juni auf der Regattastrecke an der Lahn. Traditionsreichste Veranstaltung in Deutschland mit über 100-jähriger Geschichte.
Brückenfest, Ende April/Anfang Mai, auf der Lahnbrücke und am Lahnufer
- Genaue Termine bei der Tourist-Information erfragen -

Essen und Trinken in rustikaler Umgebung

Schlosskeller im Alten Schloss, Brandplatz 2
Ulenspiegel, kultige Musikkneipe in einer kleinen Seitengasse der Fußgängerzone, Seltersweg 55

Lohnenswerte Abstecher

Burg Gleiberg. Gut essen und trinken in der Burgschänke und ebenfalls einen weiten Ausblick genießen kann derjenige, der die etwa acht Kilometer von der Stadt nach Wettenberg-Krofdorf-Gleiberg und hinauf auf den steilen Basaltkegel überwindet.

Jugendherberge

Richard-Schirmann-Weg 53, 35398 Gießen, Telefon 0641 / 6 58 79, Fax 0641 / 9 60 55 02

Campingplatz

Pfingstweide 13, 35398 Gießen-Kleinlinden, Telefon und Fax 0641 / 2 25 41

Tourist-Information

Berliner Platz 2, 35390 Gießen, Telefon 0641 / 1 94 33, Fax 0641 / 7 69 57, E-mail: tourist-info@giessen.de
Internet: www.giessen.de

Burgruine Badenburg

Bei Ruttershausen

Flusskilometer – 5,2 Erstes Wehr.
Links Bootsgasse mit Selbstbedienung. Betriebsanleitung beachten. Wer sich das Hinunterfahren nicht zutraut, kann sein Boot auch an langer Leine abwärts treideln.
→ ***Ein- und Ausstiegstelle + Rastplatz am rechten Flussufer***
PKW-Zufahrt möglich, Gastronomie, Unterkunftsmöglichkeit, Busverbindung.

Es folgen zwei Straßenbrücken.

Flusskilometer – 4,7 Zweites Wehr.
Links Bootsgasse mit Selbstbedienung. Betriebsanleitung beachten. Wer sich das hinunterfahren nicht zutraut, kann sein Boot auch an langer Leine abwärts treideln.

→ ***Ein- und Ausstiegstelle + Rastplatz am linken Flussufer***
PKW-Zufahrt möglich, Gastronomie, Einkaufsmöglichkeit, Unterkunftsmöglichkeit, Bahnhof in der Nähe.

Ab hier bis Lahnau – Atzbach sind die Lahnauen ein hochsensibles und schützenswertes Naturschutzgebiet. Anlanden und Aussteigen streng verboten.
Ohne Halt durchfahren bis zum Rastplatz Lahnau-Atzbach!

Autobahnbrücke

Flusskilometer – 2,5 Drittes Wehr.
Rechts Bootsgasse mit Selbstbedienung. Betriebsanleitung beachten. Wer sich das Hinunterfahren nicht zutraut, kann sein Boot auch an langer Leine abwärts treideln.
Der Campingplatz in Gießen-Kleinlinden ist für Bootsfahrer nicht zu erreichen.

Heuchelheim (rechte Flussseite)

Flusskilometer –1,3 Straßenbrücke Heuchelheim.
Nach etwa 500 Metern links die Dutenhofener Seen. Der Campingplatz im südlichen Teil liegt etwa 200 Meter entfernt und ist für Wassersportler nicht erreichbar, da dort Anlanden und Aussteigen nicht gestattet ist – Naturschutzgebiet.

Dutenhofen (linke Flussseite, vom Fluss durch Autobahn und Eisenbahn getrennt)

Bei dem hier von links einmündenden Kleebach beginnt die offizielle Kilometrierung mit Kilometer 0,0 aufsteigend und Kilometerangaben auf Tafeln am Ufer

Flusskilometer 2,7 Atzbach.

➔ ***Rastplatz am rechten Flussufer***

Keine PKW-Zufahrt, Gastronomie, Einkaufsmöglichkeit. Kein WC!

Lahnau (rechte Flussseite, mit den rechts gelegenen Ortsteilen Atzbach, Dorlar und Waldgirmes)

Unterhalb des waldreichen 348 Meter hohen Königstuhl gelegen. Archäologische Funde datieren eine Besiedlung schon in vorchristliche Zeit, schriftliche Dokumente beweisen die Existenz der Orte ab 771.

Heimatmuseum mit Museumsscheune, Friedenstraße 20/22 in Waldgirmes.

Flusskilometer 4,5 Wehr und Schleuse Dorlar.

Links Schleuse zur Selbstbedienung.

Rechts der Mühlenkanal mit zwei unfahrbaren Wehren. Umtragen möglich: am ersten Wehr vorbeifahren und vor dem zweiten Wehr links über die Insel umtragen. Achtung! Privatgelände!

Straßenbrücke Dorlar

Flusskilometer 5,6 Dorlar.

➔ ***Ein- und Ausstiegstelle + Rastplatz am rechten Flussufer***

PKW-Zufahrt, Gastronomie, Einkaufsmöglichkeit, Unterkunftsmöglichkeit. WC im Bau!

Slip-Anlage

Autobahnbrücke

Zwischen den Brücken links Naturschutzgebiet. Nicht anlanden!

Eisenbahnbrücke

Von hier bis zur nächsten Schleuse rechts Naturschutzgebiet. Anlanden verboten.

Flusskilometer 8 Wehr und Schleuse Naunheim.

Links Schleuse zur Selbstbedienung oder rechts weiterfahren und am Wehr links umtragen.

Flusskilometer 8,1 ➔ ***Rastplatz am rechten Flussufer***

Keine PKW-Zufahrt! Gastronomie, Unterkunftsmöglichkeit (etwa 250 Meter zu Fuß am anderen Ufer des Hauptarmes). Kein WC!

Naunheim (rechte Flussseite)

Größter und beliebtester Wetzlarer Wohnvorort, der mit seinen vielen Neubauten zwar sehr neu wirkt, aber trotzdem 1200 Jahre alt ist.

Wetzlar-Niedergirmes (rechte Flussseite)

Jübermann-Kartographie

Möchten Sie die Karten dieses Lahnführers zusätzlich als DIN-A4-Blätter einsetzen (z.B. um bei Regenwetter dieses Buch unversehrt zu lassen), so können Sie diese beim Verlag direkt bestellen oder über den Buchhandel:
ISBN 3-929540-09-6 (ca. 5 €)
Haben Sie Lust darauf, weitere Gewässer zu erobern, dann ist die "Wassersport-Wanderkarte WW2" das passende Kartenwerk: ISBN 3-929540-22-3 (ca.15 €)

Der Jübermann-Verlag aktualisiert seine Karten laufend. Die eingehenden Korrekturmeldungen werden umgehend im Internet bereitgestellt:
www.juebermann.de
oder direkt zum Lahn-Dokument:
www.juebermann.de/pdf/lahn.pdf

Bitte notieren Sie sich unterwegs Unstimmigkeiten und melden diese an:
e@juebermann.de Tel: 0581-78232,
denn die Mitwirkung aller Wassersportler bestimmt die Qualität dieser Aktualisierungen.

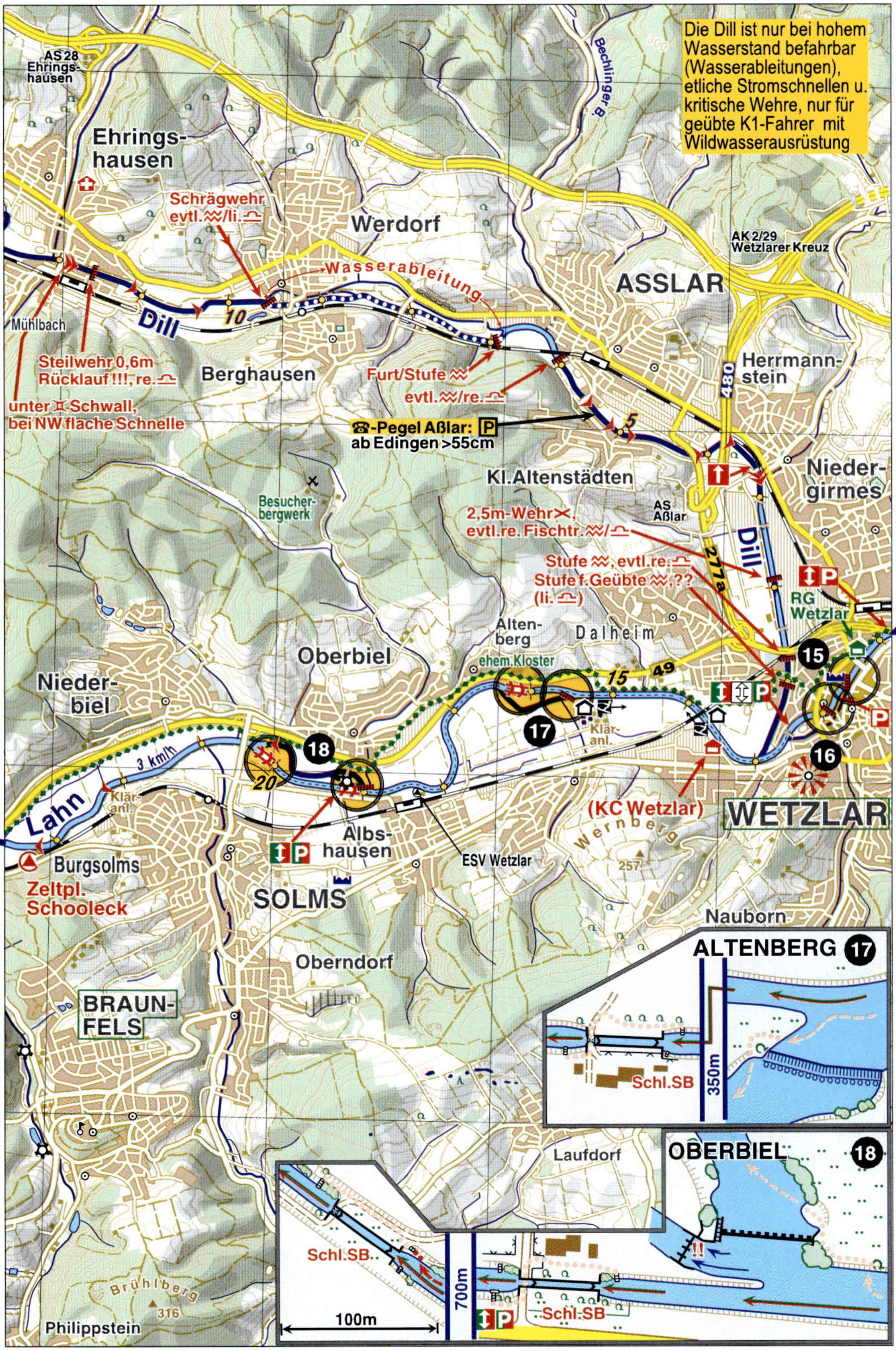

Die Dill ist nur bei hohem Wasserstand befahrbar (Wasserableitungen), etliche Stromschnellen u. kritische Wehre, nur für geübte K1-Fahrer mit Wildwasserausrüstung
AS 28 Ehringshausen
Ehrings-hausen
Schrägwehr evtl. ≈/li.
Werdorf
Wasserableitung
ASSLAR
AK 2/29 Wetzlarer Kreuz
Bechlinger B.
Mühlbach
Dill
10
Steilwehr 0,6m Rücklauf !!!, re.
unter Schwall, bei NW flache Schnelle
Berghausen
Furt/Stufe ≈
evtl. ≈/re.
Herrmann-stein
480
☎-Pegel Aßlar: P ab Edingen >55cm
5
Kl.Altenstädten
Nieder-girmes
Besucher-bergwerk
AS Aßlar
2,5m-Wehr, evtl.re. Fischtr. ≈/
Stufe ≈, evtl.re.
Stufe f.Geübte ≈,?? (li.)
277a
RG Wetzlar
Alten-berg
Dalheim
ehem.Kloster
15
49
Oberbiel
Nieder-biel
17
18
16
Klär-anl.
3 km/h
Lahn
20
Albs-hausen
ESV Wetzlar
(KC Wetzlar)
WETZLAR
Wernberg
257
Burgsolms
Zeltpl. Schooleck
SOLMS
Nauborn
Oberndorf
BRAUN-FELS
ALTENBERG 17
Schl.SB
350m
Laufdorf
OBERBIEL 18
Schl.SB
!!
700m
100m
Brühlberg
316
Philippstein

Flusskilometer 9,6 Campingplatz Fischerhütte

Dammstraße 52, 35576 Wetzlar-Niedergirmes, Telefon und Fax 0 64 41 / 3 41 03

➔ ***Ein- und Ausstiegstelle + Rastplatz am rechten Flussufer***

PKW-Zufahrt, Gastronomie, Einkaufsmöglichkeit, Unterkunftsmöglichkeit, Busverbindung. Slip-Anlage. Vom Campingplatz kann man bequem zu Fuß in die Stadt laufen. Etwa ein Kilometer am Ufer der Lahn entlang.

Wetzlar

...wo Goethe sich verliebte

Wanderer kommst Du nach Wetzlar, so erwartet Dich wieder eine wohlgepflegte alte Stadt mit mittelalterlichen Marktplätzen, steilen Treppchen, romantischen Winkeln, engen Gassen, dicht bebaut mit historischen Fachwerkhäusern und barocken Prachtbauten. Der beliebteste Blick auf die Altstadt ist vom gegenüberliegenden Lahnufer, über das Lahnwehr und die steinerne Brücke hinweg, auf das ansteigende schiefergraue Häusergeschachtelte nach oben zu dem alles überragenden Dom.

Allgemeine Touristische Informationen

Sehenswürdigkeiten und Museen

Lottehaus, Lottestraße 8–10

Jerusalemhaus, Schillerplatz 5

Reichskammergerichtsmuseum, Hofstatt 19

Sammlung Dr. Irmgard von Lemmers-Danforth, Kornblumengasse 1

Europäische Wohnkultur aus Renaissance und Barock

Stadt- und Industriemuseum, Lottestraße 8-10

Dom

Essen und Trinken in rustikaler Umgebung

Gaststätte „Am Römischen Kaiser", Kornmarkt 7, Telefon 0 64 41 / 44 37 54

Jugendherberge

DJH Jugendgästehaus, Richard-Schirmann-Straße 3, 35586 Wetzlar,

Telefon 0 64 41 / 7 10 68, Fax 0 64 41 / 7 58 26

Campingplatz

Dammstraße 52, 35576 Wetzlar-Niedergirmes, Telefon und Fax 0 64 41 / 3 41 03

Dutenhofener See, 35582 Wetzlar - Dutenhofen, Telefon und Fax 0 64 41 / 2 32 20

Tourist-Information

Domplatz 8, 35573 Wetzlar, Telefon 0 64 41 / 99 – 3 38, Fax 0 64 41 / 99 – 3 39

E-mail: tourist-info@wetzlar.de, Internet: www.wetzlar.de

Flusskilometer 10,8 Wetzlar-Lahnhof (Stadtbereich Wetzlar)

➔ ***Ein- und Ausstiegstelle am rechten Flussufer***

Nur PKW-Zufahrt, kein Rastplatz, Gastronomie, Einkaufsmöglichkeit, Unterkunftsmöglichkeit, kein WC.

Flusskilometer 11,3 Rudergesellschaft Wetzlar
Gasthaus „Lahnstuben"

Flusskilometer 11,5 Nach der Brücke erstes Wehr. Unfahrbar. Keine Schleuse.
1. Umtragemöglichkeit: am Wehranfang rechts Boot ins Unterwasser treideln oder
2. Umtragemöglichkeit: am Wehranfang rechts Holzsteg und von dort umtragen.
Danach Pontonbrücke

Flusskilometer 11,8 Colchester-Anlage (Stadtbereich Wetzlar)
➔ **Rastplatz am linken Flussufer.** Von hier aus kurzer Weg in die Altstadt. Gastronomie, Einkaufsmöglichkeit, Unterkunftsmöglichkeit, kein WC.

Flusskilometer 11,9 Alte Steinbrücke
Zweites Wehr. Unfahrbar. Keine Schleuse. Rechts Anlegesteg und Rollanlage für Boote ins Unterwasser. Bei höherem Wasserstand schon vor der alten Brücke aussteigen. Im Bereich der Rollanlage starke Strömung. **Bei Hochwasser Lebensgefahr!**

Flusskilometer 12,5 Bachweide (Stadtbereich Wetzlar)
➔ ***Ein- und Ausstiegstelle am rechten Flussufer***
PKW-Zufahrt möglich. Kein Rastplatz! Einkaufsmöglichkeit, WC. Parkplatz.
Beste Einsetzstelle für einen Fahrtbeginn in Wetzlar. Slip-Anlage

Mündung der Dill
Ab Edingen fahrbarer Wanderfluss.
Achtung schnelle Strömung und gefährliche Wehre. Nur für geübte Kanuten.

Flusskilometer 13,5 Kanu-Club Wetzlar
Bootshaus und Zeltplatz. Aufenthalt nur mit Genehmigung durch den Verein.

Flusskilometer 13,7 Wasserschi- und Motorbootclub Wetzlar
Steg und Slipanlage nur für Clubmitglieder.
Wasserschistrecke von 13,7 bis Kilometer 15,6 (von 10 Uhr bis Sonnenuntergang)

Flusskilometer 15,0 Motorboot und Wasserschi-Sport Club Gießen
Steg und Slipanlage nur für Clubmitglieder.

Flusskilometer 16,5 Wehr und Schleuse Altenberg
Wehr links, Schleuse zur Selbstbedienung rechts.
Für Flusswanderer keine Möglichkeit zur Besichtigung von dem oben gelegenen ehemaligen Kloster Altenberg, da keine Ausstiegsmöglichkeit.

Alte Lahnbrücke in Wetzlar

Strasse in der Wetzlarer Altstadt

Geschäft in der Wetzlarer Altstadt

Kloster Altenberg

Von hier aus, aber auch vom Fluss und von der Straße aus, sieht man über den bewaldeten Taunushöhen die Türme und Türmchen von Schloss Braunfels und man könnte der Versuchung erliegen zu glauben, „Neuschwanstein" sei an die Lahn versetzt worden.

Albshausen (linke Flussseite)

Oberbiel (rechte Flussseite)

Besucherbergwerk Grube Fortuna → siehe unter Wetzlar → lohnenswerte Ziele

Flusskilometer 19,2 Wehr und Schleuse Oberbiel

Wehr rechts, unfahrbar, keine Umtragemöglichkeit. Schleuse zur Selbstbedienung links. Danach etwa 700 Meter langer Kanal mit einer weiteren Schleuse zur Selbstbedienung am Ende des Kanals. Achtung! Gefährliche Querströmung vor dem Kraftwerkseinlauf bei Kilometer 19,0 möglich. Nach der ersten Schleuse:

→ ***Ein- und Ausstiegstelle + Rastplatz am linken Flussufer***

PKW-Zufahrt möglich. Kein WC. Parkplatz.

Straßenbrücke

Niederbiel (rechte Flussseite)

Solms / Burgsolms (linke Flussseite)

Über 1200 Jahre alt und ihre Geschichte ist eng mit dem Adelsgeschlecht der Grafen und Fürsten zu Solms verbunden, die über Jahrhunderte die Geschichte an der Lahn mitgeprägt haben. Ihr Stammsitz ist das Schloss in Braunfels.

Flusskilometer 23,0 **Zeltplatz Solms – Schohleck**

→ ***Rastplatz am linken Flussufer***

Zeltmöglichkeit, WC, Einkaufsmöglichkeit, Bahnhof 1 Kilometer entfernt. Keine PKW-Zufahrt.

Krumos Kanubasis → siehe Kapitel *„Mit dem Kanu auf die Lahn"* → Bootsverleiher an der Lahn

Jugendzeltplatz. Telefon: 064 42 / 85 01, Fax: 0 64 42 / 96 25 84

Flusskilometer 24,1 Lahnbahnhof Leun / Braunfels

→ ***Ein- und Ausstiegstelle am linken Flussufer***

(nach der hölzernen Fußgängerbrücke) PKW-Zufahrt nur bedingt möglich.

Kein Rastplatz, kein WC. Oberhalb der Bahnhof und gegenüber Hotel / Restaurant „Kohlmeyer"

Braunfels
... eine Stadt wie aus dem Bilderbuch

(linke Flussseite, etwa 4 Kilometer entfernt, durch ein schönes Waldtal aufwärts. Wanderweg markiert mit Balken und Spitze. Die Buslinie 180 fährt etwa stündlich von der Bushaltestelle Lahnbahnhof nach Braunfels).
Ein Besuch dieser malerischen Altstadt ist unbedingt empfehlenswert. Wer von unten aus dem Lahntal hoch kommt, hat plötzlich ein Bild wie aus einem Märchenbuch vor sich. Das Schloss hoch oben auf einer Bergspitze, geschmückt mit vielen Türmen und Türmchen und drumherum wie angekuschelt die bunten Häuschen der kleinen Stadt.

Fürstliches Schlossmuseum, Schlossführungen 1.4. – 30.9. von 8 – 17 Uhr, Telefon 0 64 42 / 50 02

Stadtmuseum Obermühle, Tiefenbacher Straße 1, geöffnet sonntags von 10 – 12 und 14 – 17 Uhr

Waldmuseum, Hecksbergstraße, geöffnet täglich von 10 – 17 Uhr

Straßenbrücke nach Leun.
Automatische Wasserstandansage Pegel Leun, Telefon 0 64 73 / 1 94 29

Leun (rechte Flussseite, mit den Stadtteilen Biskirchen, Bissenberg und Stockhausen)
Eingebettet in das Tal der Lahn vor den aufsteigenden Höhen des Westerwaldes liegt das mittelalterlich anmutende Städtchen mit schönen Fachwerkhäusern im alten Ortskern, speziell das sehenswerte Erkerhaus.

Tourist-Information: Stadtverwaltung Leun, Bahnhofstraße 25, 35638 Leun,
Telefon: 0 64 73 / 91 44-0, Fax: 0 64 73 / 91 44-50

Flusskilometer 25,9 Leun Jugendzeltplatz
→ ***Ein- und Ausstiegstelle am rechten Flussufer***
PKW-Zufahrt möglich. Rastplatz, WC, Gastronomie, Einkaufsmöglichkeiten, Unterkunftsmöglichkeit.

Hier beginnt das „Leuner Becken" mit mehreren hochwertigen Mineralquellen beidseits der Lahn. Die Selters Mineralquelle Augusta Victoria und die Neuselters Mineralquelle sind die berühmtesten.

Stockhausen (rechte Flussseite)
Tiefenbach (linke Flussseite, Ortsteil von Braunfels)
Flusskilometer 29,1 → Rastplatz am linken Flussufer
Keine PKW-Zufahrt möglich. Kein WC. Unterkunftsmöglichkeit.

Biskirchen (rechte Flussseite)
Biskirchen ist ein staatlich anerkannter Erholungsort, geschmückt mit liebevoll restaurierten Fachwerkhäusern, der durch seine Heil- und Mineralquellen berühmt geworden ist. Der „Gertrudisbrunnen", bereits 1650 erwähnt, steht allen Besuchern für ein kostenloses Trinkvergnügen zur Verfügung.

RUNKEL 24
!! Querströmung vom Wehr !
Schl. SB
VILLMAR 23
Schl. SB
25 LIMBURG
an der Schl. nicht möglich
Schl. mit Bedienung
200m
hier kein möglich
Schl.-Zeiten für alle Schl. ab Limburg vom 1.4.-31.10: 10°°-18,15 Uhr Mittagspause 12°°-12,30Uhr
Dom
KC Limb.
Limb.CfW
Heckholz-hausen
Kerkerbach
Hütten-M.
Schupbach
Finster-M.
Ahlbach
Nieder-tiefenbach
Eschenau
Hofen
Dehrn
BC Limburg
Offheim
Unterhofermühle
Oberhofermühle
Stau
Steeden
ESV Limburg
Schadeck
Speich
Diet-kirchen
Neue M.
Alte M.
Kerkerbach
AS 42 Limb.N.
Lahn
2-3 km/h
RUNKEL
Camp.Runkel
Emmerich
Villmar
(Limb. CfW)
KC Limburg
Eschhofen
Emsbach
Linden-M.
AS-43 Limburg-Süd
Linden-holz-hsn.
LIMBURG an der Lahn

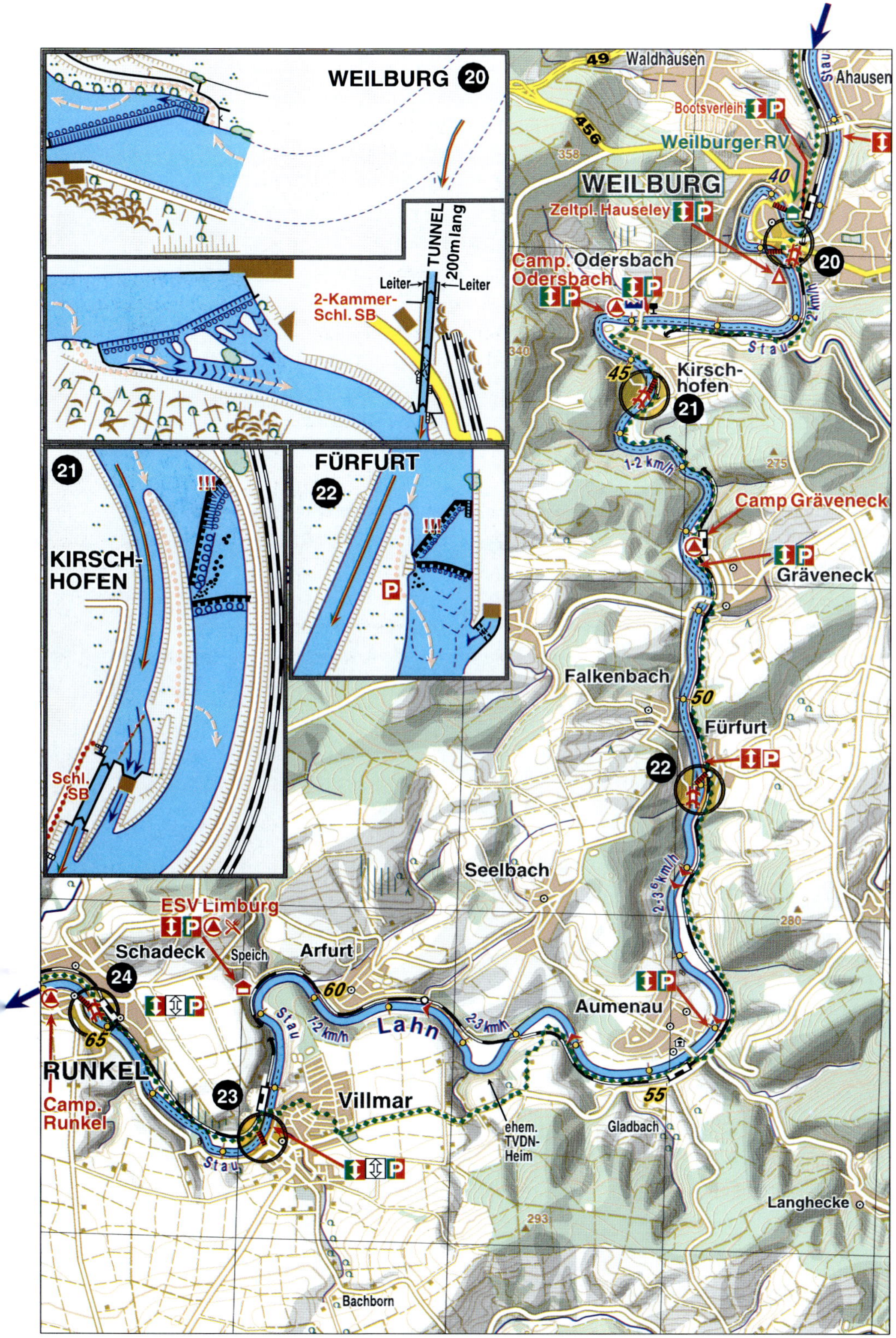

WEILBURG 20
TUNNEL 200m lang
Leiter
Leiter
2-Kammer-Schl. SB
21
KIRSCH-HOFEN
Schl. SB
FÜRFURT
22
Waldhausen
Ahausen
Stau
Bootsverleih
Weilburger RV
WEILBURG
Zeltpl. Hauseley
40
20
Camp. Odersbach
Odersbach
2 km/h
Stau
45
Kirsch-hofen
21
1-2 km/h
Camp Gräveneck
Gräveneck
Falkenbach
50
Fürfurt
22
Seelbach
2-3,6 km/h
280
275
ESV Limburg
Schadeck
Speich
Arfurt
24
60
Stau
1-2 km/h
Lahn
2-3 km/h
Aumenau
65
RUNKEL
Camp. Runkel
23
Villmar
ehem. TVDN-Heim
55
Gladbach
Stau
Langhecke
293
Bachborn

Flusskilometer 29,9 → ***Rastplatz am rechten Flussufer***
Keine PKW-Zufahrt möglich. Kein WC. Gastronomie. Unterkunftsmöglichkeit. Jugendzeltplatz Wasserschistrecke von Flusskilometer 34,8 – 36,2 in der Zeit von 10 – 12 Uhr und 15 Uhr bis Sonnenuntergang, ausgenommen jeden 1. und 3. Sonntag im Monat.

Selters (linke Flussseite, mit dem Auto nur über Ahausen zu erreichen)
Der Ort, der den weltberühmten Mineralquellen den Namen gab, ist so berühmt, dass viele, die ein Mineralwasser trinken möchten, ein „Selters" bestellen.
Wer sich für weitere Informationen interessiert, erhält diese im Internet: www.selters.de

Flusskilometer 34,9 → ***Ein- und Ausstiegstelle am linken Flussufer***
PKW-Zufahrt möglich. Kein Rastplatz! Kein WC. Oberhalb die Vesperstube mit Biergarten „Zum Lahnpirat", geöffnet an Wochenenden und Feiertagen von 10 – 19 Uhr, Telefon: 0 64 71 / 82 33 Slipanlage

Löhnberg (rechte Flussseite, mit den Ortsteilen Niedershausen, Obershausen und Selters)
Schon von weitem fällt der steil und hoch aufragende Felsklotz mit einem wuchtigen Gebäudekomplex auf, der sich am Ende des „Leuner Beckens" über dem jetzt enger werdenden Lahntal erhebt. Es ist die Burgruine Laneburg.
Sehenswert die Bogenbrücke über die Lahn. Der sogenannte „Grubensteg" diente dem Transport des Erzes aus benachbarten Gruben zum Bahnhof Löhnberg.
Tourist-Information: Gemeinde Löhnberg, Obertorstraße 5, 35792 Löhnberg,
Telefon: 0 64 71 / 9 86 60, Fax: 0 64 71 / 98 66 44

Flusskilometer 36,1 Löhnberg-Bahnhof
→ ***Ein- und Ausstiegstelle + Rastplatz am rechten Flussufer***
PKW-Zufahrt möglich. Kein WC. Gastronomie. Einkaufs- und Unterkunftsmöglichkeiten.

Flusskilometer 36,2 Wehr und Schleuse Löhnberg
Links die Schleuse zur Selbstbedienung. Wehr rechts, unfahrbar.

Ahausen (linke Flussseite)
Hier beginnt der Stadtbereich von Weilburg. Das Flusstal ist schmal und eng geworden. Der Taunus auf der linken Seite und der Westerwald auf der rechten Seite schieben sich dicht an den Fluss heran.

Flusskilometer 38,0 Weilburg-Ahausen
→ ***Ein- und Ausstiegstelle am linken Flussufer***
PKW-Zufahrt möglich. Kein Rastplatz! Kein WC.

Flusskilometer 39,5 Weilburg – Bootsverleih

→ ***Ein- und Ausstiegstelle am rechten Flussufer***

PKW – Zufahrt möglich. Kein Rastplatz! WC. Gastronomie, Einkaufs- und Unterkunftsmöglichkeiten. Bus- und Bahnverbindung.

Bootsverleih: → siehe Kapitel *„Mit dem Kanu auf die Lahn"* → *Bootsverleiher an der Lahn*

Bootshaus des Weilburger Rudervereins

Achtung! In diesem Bereich kann es in den nächsten Jahren wegen einer großen Brückenbaustelle zu Änderungen und Behinderungen kommen. Fertigstellung etwa 2004.

Weilburg

... die barocke Residenz

Egal wie Sie Weilburg erreichen, der Eindruck ist ergreifend. Eingezwängt in ein enges Tal windet sich die Lahn an steilen bewaldeten Hängen entlang, auf dem dunklen Spiegel des Flusses leuchtet das Grün der Wälder und wie ein Schiff wächst ein steiler Bergsporn über den Fluss nach oben. Und auf dem Felsrücken thront in all seiner Pracht das weitläufige barocke Residenzschloss der einstmals mächtigen Fürsten von Nassau-Weilburg. In einem engen, fast kreisförmigen Bogen wird die Stadt von der Lahn umflossen, deren Häuser wie angeklebt am Berg hängen.

Allgemeine touristische Informationen

Museen

Bergbau- und Stadtmuseum, Schlossplatz 1.

Das Bergbaumuseum erinnert an die Zeit des Eisenerzbergbaues. Hier wird echte Grubenatmosphäre in einer unterirdischen Schaustollenanlage geboten.

Das Stadtmuseum informiert über die Früh- und Vorgeschichte der Stadt und ihrer Umgebung.

Stadtführungen

Mai – Oktober jeweils samstags. Treffpunkt 10.30 Uhr an der Tourist Information. Dauer 90 Minuten.

Jugendzeltplatz

Gegenüber der Schleuse, auf der rechten Flussseite, der Jugendzeltplatz „Hauseley"

Information und Vermietung durch die Tourist-Information Weilburg

Jugendherberge

Am Steinbühl, 35781 Weilburg-Odersbach, Telefon 0 64 71 / 71 16, Fax 0 64 71 / 15 42

E-mail: Weilburg@ djh.hessen.de

Camping

Campingplatz Odersbach, 35781 Weilburg-Odersbach, Telefon 0 64 71 / 76 20, Fax 0 64 71 / 37 96 03

E-mail: Camping-Odersbach@ t-online.de, Internet: www.Camping-Odersbach.de

Tourist – Information

Mauerstraße 6/8, Telefon 0 64 71 – 3 14 67 oder 76 71, Fax 0 64 71 – 76 75

E-mail: stadt @ weilburg.de, Internet: http:/www.weilburg.de

Schloss und
"Alte Lahnbrücke" in Weilburg

Schloss Braunfels (oben)

Alle Flusswanderer müssen bei der Weiterfahrt durch den einzigen Schiffstunnel Deutschlands, Einfahrt links; dessen Doppelkammerschleuse mit drei Toren zur Selbstbedienung befindet sich am Tunnelende der knapp 200 Meter langen Röhre. Ein Umtragen der beiden Wehre im Stadtbereich ist nicht möglich. Achtung! Zur Bedienung der Schleuse kann nur an einer Eisenleiter nach oben ausgestiegen werden.
Mündung der Weil, links

Von Weilburg bis Runkel ist das Lahntal besonders ruhig, einsam und schön. Dunkle Waldhänge oder sanft gewellte Wiesenflächen schieben sich bis ans Ufer. Es riecht nach Tannengrün, warmer Erde und Heu. Wenige Orte und nur selten berührt eine Straße den Fluss. Nur die Bahn und der Lahntal-Radwanderweg windet sich an der Lahn entlang.

Flusskilometer 44,0 Odersbach

Odersbach (rechte Flussseite)
Campingplatz Odersbach
35781 Weilburg-Odersbach, Telefon: 0 64 71 / 76 20, Fax: 0 64 71 / 37 96 03
E-mail: Camping-Odersbach@t-online.de, Internet: www.camping-odersbach.de

Kirschhofen (linke Flussseite)
Kleiner ruhiger Wohnort in einer „Haarnadelkurve" der Lahn gelegen. Am rechten Ufer fallen die bewaldeten Berghänge steil zum Fluss hinunter. Fußgängerbrücke nach Odersbach.

Flusskilometer 45,3 Wehr und Schleuse Kirschhofen
Wehr links. Rechts Einfahrt in den Schleusenkanal. Vor der Schleuse ganz rechts halten, da starke Strömung zum links liegenden Turbineneinlauf. Schleuse zur Selbstbedienung. Umtragen eventuell von der Spitze der Schleuseninsel bis links unterhalb der Wehranlage.

Gräveneck (linke Flussseite, am Hang gelegen)

Flusskilometer 48,5 ***→ Rastplatz am linken Flussufer***
Campingplatz Gräveneck
Achtung! Die Treppen und Stege der Dauercamper nicht betreten. Privateigentum. Erst am Ende des Platzes flussabwärts ist der Zeltplatz für Flusswanderer.
Keine PKW-Zufahrt möglich. WC. Gastronomie, Einkaufs- und Unterkunftsmöglichkeit. Bahnverbindung.
Campingplatz Gräveneck, 35796 Weinbach-Gräveneck, Telefon: 0 64 71 / 49 03 20
Fürfurt (linke Flussseite. Kleine, ländlich geprägte Idylle)

Flusskilometer 50,7 Weinbach-Fürfurt

→ ***Ein- und Ausstiegstelle am linken Flussufer***

Pkw-Zufahrt möglich. Kein Rastplatz. Kein WC. Gastronomie, Unterkunftsmöglichkeit. Bahnverbindung. Gaststätte Paradieso mit Biergarten und Willi's Biergarten direkt am Bahnhof und an der Lahn.

Flusskilometer 50,8 Wehr und Schleuse Fürfurt

Wehr links. Schleuse zur Selbstbedienung rechts. Umtragen eventuell von der Spitze der Schleuseninsel nach links ins Unterwasser unterhalb der Wehranlage. Dort Möglichkeit zum Rasten.

Aumenau (rechte Flussseite)

Der Ort wird erstmals um 764 als „Amana" erwähnt. Im 19. Jahrhundert gewinnt er Bedeutung als größte Verladestation an der Lahn für Eisengestein aus umliegenden Gruben. Drei Seilbahnen brachten das Gestein heran. Zwei Erzhäfen und zwei Bahnverladestationen wurden gebaut. Erst 1970 ist der Abbau eingestellt worden.

Flusskilometer 54,1 Aumenau

→ ***Ein- und Ausstiegstelle + Rastplatz am rechten Flussufer***

Pkw-Zufahrt möglich. WC. Gastronomie, Einkaufs- und Unterkunftsmöglichkeit. Bahnverbindung.

Arfurt (rechte Flussseite)

Flusskilometer 60,7 → ***Rastplatz und Zeltmöglichkeit am rechten Flussufer***

Keine Pkw-Zufahrt. WC. Gastronomie, Unterkunftsmöglichkeit. Bahnverbindung. Jugend- und Wanderheim des Eisenbahner-Sportvereins Limburg, Telefon: 0 64 82 / 46 15

Villmar (rechte Flussseite)

Bunter Marmor aus Villmar an der Lahn ist weltberühmt. Er ziert die Eingangshalle des Empire State Building in New York, hat den Kreml in Moskau und die Eremitage in St. Petersburg verschönt, wurde überall in Europa bei repräsentativen Gebäuden verwendet, aber auch bei heimischen Prachtbauten wie beispielsweise der Residenz in Weilburg. Er konnte so reichhaltig abgebaut werden, daß sich Villmar den Luxus leistete, aus diesem Baustoff 1894/95 eine Brücke über die Lahn zu bauen – die einzige Marmorbrücke Deutschlands.

Tourist-Information: Gemeindeverwaltung Villmar, Peter-Paul-Straße 30, 65606 Villmar,
Telefon: 0 64 82 / 91 21 - 0 / Fax: 0 64 82 / 57 82

In der Schleuse unterhalb vom Kloster Altenberg

Vor Weilburg

Weilburg, nach dem Schiffstunnel

Flusskilometer 62,4 Boots-Slipanlage Villmar

→ *Ein- und Ausstiegstelle + Rastplatz am linken Flussufer*

Pkw-Zufahrt möglich. Rastplatz mit Tischen und Bänken. Kein WC. Gastronomie, Unterkunftsmöglichkeit. Bahn- und Busverbindung.

Wehr und Schleuse Villmar. Wehr links, Schleuse zur Selbstbedienung rechts.

Zwischen Villmar und Runkel – Flusswanderer sehen es vom Fluss aus, und Autotouristen sowie Radwanderer können es direkt besuchen – steht auf der schlanken Felsspitze „Bodensteiner Lay" das 1894 errichtete Denkmal von König Konrad I., 911 – 918, auch Graf des Lahngaues, der von den Karolingern die Macht übernommen hatte. Mit machthungrigen Stammesfürsten zerstritt er sich und kämpfte in vielen Schlachten um die Erhaltung seiner Macht. Das Denkmal zeigt ihn mit der Krone in der Hand, die er sterbend seinem mächtigen Widersacher, Heinrich von Sachsen, freiwillig übergeben ließ, weil er ihn für stark genug hielt „für des Reiches Sicherheit und Macht" zu sorgen.

Runkel

... düsteres Mittelalter über dem Fluss

Unheimlich, düster und drohend, wie von Zyklopenhand errichtet, einer geballten Faust über der kleinen Stadt und dem Fluss nicht unähnlich, steht die dreitürmige, frühmittelalterliche Felsenburg Runkel auf schroffen, steilen Fels über dem Ort, den sie fast erdrückt. Die fensterlosen Mauern und Türme, fast sechs Meter dick, wirken unangreifbar und feindselig.

Burgbesichtigung Karfreitag – Mitte Oktober täglich von 11 – 16 Uhr, außer montags.

Ein Besuch der gegenüber liegenden Burg Schadeck lohnt sich wegen der wunderschönen Aussichtslage.

Land-Gasthof Wied'scher Hof am Schlossplatz mit Terrasse und hübschem kleinen Biergarten.

Altstadtcafe, in der Straße zur Burg, mit schöner Terrasse im Hof unter alten Bäumen.

Gaststätte „Zwitschernest" mit Altdeutscher Bier- und Weinstube und Garten, Bahnhofstraße 3 (an der Schleuse)

Tourist-Information: Stadtverwaltung Runkel, Burgstraße 4, 65594 Runkel,

Telefon: 0 64 82 / 91 61-0, Fax: 0 64 82 / 16 50, E-mail: Runkel@t-online.de

Flusskilometer 65,1 Boots-Slipanlage Runkel

→ ***Ein- und Ausstiegstelle am rechten Flussufer***

Pkw-Zufahrt möglich. Kein Rastplatz. Kein WC. Gastronomie, Einkaufs- und Unterkunftsmöglichkeit. Bahn- und Busverbindung.

Wehr und Schleuse Runkel.

Wehr links, Schleuse zur Selbstbedienung rechts.

Wehr unfahrbar. Umtragen möglich über die Schleuseninsel. Diese rechts anfahren bis zur Anlagestelle und umtragen. Neben dem unteren Schleusentor wieder einsetzen.

Achtung! Nach der Schleusenausfahrt Schrägströmung von links vom Wehr. Unbedingt rechts halten. Bei höherem Wasserstand sehr gefährlich. Auf der Schleuseninsel Rettungsdienst der DLRG.

Flusskilometer 66,0 → ***Ein- und Ausstiegstelle + Rastplatz am linken Flussufer***

Campingplatz Runkel · Alle Möglichkeiten

Campingplatz Lahntours, 65594 Runkel, Telefon: 0 64 82 / 91 10 22, Fax: 0 64 82 / 50 53

Das Lahntal weitet sich jetzt zum breiten und flachen „Limburger Becken"

Steeden (rechte Flussseite)

Große Kalksteinbrüche und Kalkwerk. Hier wurden in jetzt verschwundenen Höhlen Knochen von urzeitlichen Tieren wie Mammut, Nashorn, Bär aber auch Feuersteinmesser und Tonscherben gefunden. Eine Brunnensäule am zentralen Ortsplatz erinnert daran.

Dehrn (rechte Flussseite)

Hübsch gelegener Ort in einem Hangbogen der Lahn. Am Ortsende sieht man rechts oben einen markanten runden Bergfried, Teil einer Burganlage von 1190, welche die Grafen von Diez erbau-

Runkel, Burg und "Alte Brücke"

Schleuse Runkel

Runkel, nach der Schleuse und dem Wehr: lebhaftes Wasser für ein junges Paddlerteam

ten. Nach wechselvollen Eigentumsverhältnissen kam sie zuletzt in den Besitz des Freiherren von Dungern, der sich 1844 hoch oben über dem Ort ein Schloss in einer schönen Parkanlage baute. Heute wird das Schloss als Klinik genutzt.
Rechts Sportboothafen des Motorbootclubs Limburg e.V.

Flusskilometer 71,6 Dehrn
→ *Ein- und Ausstiegstelle am rechten Flussufer*
PKW-Zufahrt möglich. Rastplatz. Ab 2001/2002 ebenfalls ein WC. Gastronomie, Einkaufs- und Unterkunftsmöglichkeiten.

Ab hier ist die Lahn voll kanalisiert, fast ohne Strömung und die Schleusen werden vom Schleusenpersonal gebührenfrei bedient.
Siehe auch Kapitel *Schleusen Limburg - Lahnstein*

Dietkirchen (rechte Flussseite)
Schon von Dehrn aus sieht der Flusswanderer den mächtigen Felsvorsprung direkt am Ufer der Lahn und darauf die hohe und breite, dreischiffige romanische Basilika der Lubentiuskirche. Sie scheint förmlich aus dem Fluss empor zu wachsen, aus grauem Gestein erbaut und auf dunklem Fels ruhend. Himmelwärts strebend auch die zwei ungleichen Kirchtürme, die nicht nur das kleine Dorf drumherum überragen, sondern auch die Szenerie der flachen und sanft gewellten Landschaft beherrschen.

Flusskilometer 73,2 Dietkirchen (rechte Flussseite)
→ Rastplatz am rechten Flussufer
Keine PKW-Zufahrt möglich. WC. Einkaufs- und Unterkunftsmöglichkeit.
Am Ufer Gaststätte „Altes Fährhaus" mit Biergarten, der von einem großen Nussbaum beschattet wird und mit Blick auf die Lahn (Gruppen und Paddler sind hier nicht erwünscht).
Mit 151 Meter Länge überspannt eine hölzerne Fußgänger- und Radfahrerbrücke die Lahn. Sie ist in dieser Art eine der größten in Deutschland.
Links Mündung des Emsbach.

Eschhofen (linkes Ufer)
Am Ortsanfang von Eschhofen-Mühlen, etwa 500 Meter vom Fluss entfernt, steht rechts ein kleines Kirchlein. Seitlich angebracht ist eine Sandsteinsäule mit eingemeißelten Hochwassermarken und man kann sich in dieser Ebene gut vorstellen, wie grausam die Hochwasser der Lahn hier gewütet haben. Jetzt erreicht der Flusswanderer den Stadtbereich von Limburg. Hoch oben über dem Fluss spannt sich im kühnen Bogen die neue Brücke der ICE-Strecke Frankfurt – Köln. Rechts oben ICE-Bahnhof Limburg.
Autobahnbrücke der A3 Frankfurt – Köln, so hoch, dass der Flusswanderer vom starken Autoverkehr kaum etwas hört, wo jährlich etwa 30 Millionen Fahrzeuge entlang brausen.

Flusskilometer 75,6 Limburg, Boots-Slipanlage

→ ***Ein- und Ausstiegstelle am rechten Flussufer***

PKW-Zufahrt möglich. Kein Rastplatz. WC. Gastronomie, Unterkunftsmöglichkeit.
Nur wenige Meter weiter:

Campingplatz Limburg

Schleusenweg 16, 65549 Limburg, Telefon: 0 64 31 / 2 26 10 / Fax: 0 64 31 / 9 20 13, Internet:www.lahncamping.de. Mit Gaststätte. Oberhalb Schwimmbad. Ein-und Ausstieg, sowie Rast, nur bei Übenachtung auf dem Platz.

Flusskilometer 76,3 Links, Bootshaus Limburger Club für Wassersport

Eschhofer Weg 3, 65549 Limburg, Telefon: 0 64 31 / 2 37 67

Bootshaus und Zeltplatz des Kanu-Club Limburg.

- Aufenthalt nur mit Genehmigung durch den Verein -

Flusskilometer 76,2 1. Wehr → ***Rastplatz am linken Flussufer***

Keine PKW-Zufahrt möglich. Kein WC. Gastronomie, Einkaufsmöglichkeit.
Wehr und Schleuse Limburg – Telefon 0 64 31 / 2 41 66
Wehr links, unfahrbar. Rechts am Ufer halten und in den Schleusenkanal einfahren.
Achtung! Gefährliche Querströmung am Kraftwerkseinlauf im Schleusenkanal links vor der Schleuse möglich.

Limburg

... wo das Mittelalter zu Hause ist

Eine Perle unter den deutschen Fachwerkstädtchen, denn hier blieb die gesamte mittelalterliche Stadt nahezu unversehrt erhalten. Wie verzaubert läuft man durch die engen Gassen der märchenhaften Altstadt. Bestaunt die bunten, hochgiebeligen Häuschen mit ihren reich gegliederten Fassaden, vorkragenden Stockwerk, rot oder braun gestrichenen Balken mit eingekerbten Jahreszahlen oder den Initialen der Erbauer. Kleine spitze Türmchen, Fenstererker und mit Schnitzereien verzierte Fenstergruppen oder Brüstungsfelder, geschnitzte Balkenköpfe und gebogene Streben, die sich geschossübergreifend zu Ovalen formen, kunstvoll gearbeitete Haustüren, Streben mit geschnitzten Drachen oder Fabelwesen, bunte Wappen, filigran geschmiedete Wirtshaus- oder Ladenschilder – die Altstadt steckt voller Details hervorragender künstlerischer und handwerklicher Arbeiten. Auch die netten kleinen Läden haben dem Flair der Altstadt nicht geschadet, sondern machen den Bummel noch zusätzlich reizvoll. So ist das alte Limburg zu einem lebendigen und liebenswerten Schatzkästlein geworden.
Dies alles wird gekrönt vom dem die Stadt überragenden gewaltigen Dom mit seinen sieben Türmen und der imposanten Doppelturmfassade hoch oben auf dem Domberg, wo er herausgewachsen ist aus der mittelalterlichen Umgebung, aus der er erstanden ist.

Der Spezialist für Wassersportkarten: Jübermann-Kartographie

Neben der Lahn sind im Jübermann-Verlag noch viele weitere Wassersportreviere erschienen. Schauen Sie ins Internet: www.juebermann.de oder fordern Sie den Verlagsprospekt an bei:

Erhard Jübermann
Krempelweg 2
29525 Uelzen
Tel: 05 81-7 82 32
Fax: 05 81- 7 75 16
Mail: info@juebermann.de

Der Jübermann-Verlag hat sich auf die Herstellung von Gewässerkarten für Wassersportler spezialisiert. Unsere Karten, die im Maßstab 1:100000 und größer hergestellt werden, sind in bezug auf die Gewässer bzw. Wassersportinhalte im Gelände komplett überprüft. Jeder dargestellte Gewässer-km ist auch per Boot kontrolliert worden. Hier sind keine Schreibtischtäter am Werk, sondern passionierte Wassersportler.
Aktualisierungsblätter zu (fast) allen Produkten finden Sie im Internet!

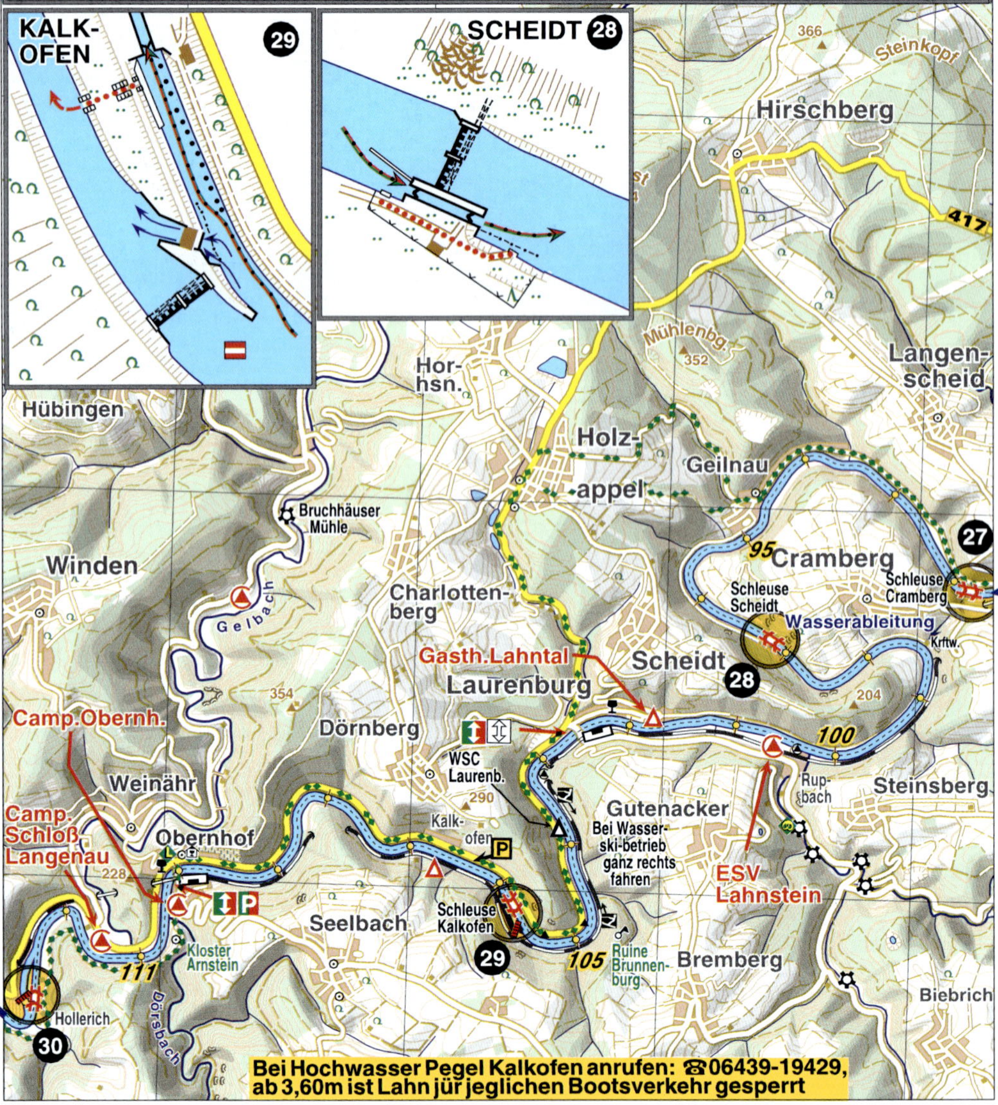

Nieder-
erbach
Nenters-
hausen
267
AS 41
Nentershsn.-Diez
3
Görges-
hausen
Heidekopf
Brötzen-
mühle
Offheim
8
Neumühle
Elbach
Elz
Ab Roth bis unterhalb Limburg besteht ein Uferbetretungsverbot, außerdem Rast-und Zeltverbot außer an ausgewiesenen Stellen!
AS 42
Limb.N.
Hambach
Gückingen
Ende der
Regelung
Staffel
8
Steinkopf
Aull
80
Oranienstein
Camp.Mühlchen
Camp.Oranienstn.
25
KC Limburg
Heisterbach
26
DIEZ
417
LIMBURG
an der Lahn
Altendiez
Freiendiez
85
Blumenrod
Unterlohskopf
223
Fachingen
Diezer PG
(kein Δ)
Langen-
scheid
Birlen-
bach
Diezer PG
90
Holzheim
MYC
Schaumbg.
Hausen
Schleuse
Cramberg
Balduinstein
Flacht
27
Kraftw.
Wasser-
ableitung
Nieder-
neisen
54
Habenscheid
Wasenbach
Bärbach
Biebrich
Schönborn
27
CRAMBERG
!!
26
DIEZ

Was man sonst noch sehen und erleben kann

Museen und Sehenswürdigkeiten

Dom · Diözesanmuseum mit Domschatz · Marinemuseum, Katzenturm an der Lahn.

Haus der Kunst, Fischmarkt 21/22,

Stadtführungen

Durch den Verkehrs- und Verschönerungsverein für Einzelpersonen und Gruppen nach vorheriger Anmeldung über die Tourist-Information

Wochenmarkt

Mittwochs auf dem Neumarkt und jeweils mittwochs und samstags vormittags auf dem Kornmarkt.

Essen und Trinken in rustikaler Umgebung

Die Gabel, Rütsche 5, Telefon 06431/ 6942, Internet: www.diegabel.de

Jugendherberge

Auf dem Guckucksberg, 65549 Limburg, Telefon 0 64 31 / 4 14 93, Fax 0 64 31 / 4 38 73,

E-mail: Limburg @ djh. hessen.de

Camping

Lahncamping, Schleusenweg 16, 65549 Limburg, Telefon 0 64 31 / 2 26 10, Fax 0 64 31 / 9 20 13,

Internet: www. lahncamping. de

Tourist-Information

Städtisches Verkehrsamt, Hospitalstraße 2, 65549 Limburg, Telefon 0 64 31 / 20 32 22 und 61 66,

Fax 0 64 31 / 32 93, E-mail: Limburg.Amt 80@region-online.de, Internet: www. limburg. de

Flusskilometer 80 Grenze Hessen – Rheinland/Pfalz

Ende der in Hessen geltenden Befahrungs- und Naturschutzregelungen.

Wildes Campen ist auch auf dem nun folgenden Flussabschnitt bis zur Mündung streng verboten. Einige Flussabschnitte führen durch Naturschutzgebiete oder Landschaftsschutzgebiete und sind in dieser Flussbeschreibung angegeben. Ein- und Ausstiegstellen sind nicht wie in Hessen durch Tafeln markiert aber in der Flussbeschreibung aufgeführt.

Wasserschi-Strecke von Kilometer 80,2 – 81,4

Von 10 Uhr – Sonnenuntergang

Staffel (rechte Flussseite)

Schloss Oranienstein (linke Flussseite)
... das Barockjuwel an der Lahn

Flusskilometer 81,5 → *Ein- und Ausstiegstelle am linken Flussufer*

Freizeitzentrum „Das Neue Mühlchen"

Alle Möglichkeiten

Freizeitzentrum und Campingplatz „Das Neue Mühlchen"

Mit zwei Gaststätten: „Das Neue" als Bistro und „Mühlchen" als Speiserestaurant mit „Mühl-

chenterasse" und „Terrazza Costa Lahna" auf der in der Sommersaison auch Events veranstaltet werden. Renovierte Sanitäranlagen. 300 Zeltplätze (auch für Jugendgruppen).
Freizeitzentrum „Das Neue Mühlchen", Zum Mühlchen 47, 65582 Diez,
Telefon: 0 64 32 / 6 90 69 15, Fax: 0 64 32 / 6 90 68 87 / Internet: www.freizeit-centrum.de

Aull (rechte Flussseite)
Hier endet das weite „Limburger Becken" und die sanften Hügel rücken jetzt wieder dichter an den Fluss heran.

Flusskilometer 82,0 ➔ ***Ein- und Ausstiegstelle am linken Flussufer***
Campingplatz Oranienstein
Alle Möglichkeiten. Kanu- und Fahrradverleih. Angelkarten.
Campingplatz Oranienstein, Strandbadweg, 65582 Diez, Telefon und Fax: 0 64 32 / 21 22
Internet: www.rhein-lahn-info.de/campingplatz-oranienstein

Flusskilometer 83,2 **Schleuse Diez – Telefon 0 64 32 / 38 14**
Schleuse links.
Kraftwerkseinlauf rechts. Sportboote eventuell umtragen – rechts an der Treppe aussteigen und nach dem Kraftwerk wieder einsetzen.
➔ ***Ein- und Ausstiegstelle am linken Flussufer***
Alte Brücke in Diez, links dahinter Bootsverleih. Rastplatz für Kanuten und Ruderer und Möglichkeit zur vorübergehenden Bootslagerung zur Stadtbesichtigung.

Diez (linke Flussseite)
In der „Güldenen Grafschaft" gelegen, so wurde es einst genannt. Ihre Grafen waren treue Anhänger des staufischen Kaiserhauses, begleiteten Kaiser Barbarossa 1188 auf seinem letzten Kreuzzug und diese treue Anhängerschaft ließ sie durch die Gunst der Kaiser immer mächtiger und reicher werden. Im 11. Jahrhundert bauten sie ihre trutzige und wehrhafte Burg auf steilem Felsen am Ufer der Lahn. Unterhalb zwischen Lahn und Burgfelsen errichtete der niedere Adel aus dem Lahngau im Schatten der Mächtigen seine Wohnsitze. Eine Stadtmauer und fünf Tore umschlossen dieses Gemeinwesen, das 1329 Stadtrechte erhielt.
Hier lässt sich viel sehen und erleben
Museum Nassau-Oranien in der Kaserne Schloss Oranienstein
Weltzeit-Sonnenuhr bei der Aarmündung
Interessante Feste
Diezer Altstadtfest im Juli
„Fürstlich" essen, trinken und schlafen
Restaurant-Hotel Oranien, Lorenzstraße 14, 65582 Diez, Telefon: 0 64 32 / 92 89 0, Fax: 0 64 32 / 92 89 89
Bootsverleih
Siehe Kapitel ➔ *Mit dem Kanu auf die Lahn* ➔ Kanuverleiher an der Lahn

Lubentiuskirche in Dietkirchen

Gasse in Limburg

Diez, Alte Brücke

Limburg, mit Dom.

Jugendherberge

Schlossjugendherberge, Schloßberg 8, 65583 Diez, Telefon: 0 64 32 / 24 81, Fax: o 64 32 / 45 04

Tourist-Information

Tourist Information Diez, Wilhelmstraße 63, 65582 Diez/Lahn, Telefon: 0 64 32 / 50 12 75, Fax: 0 64 32 / 51 36
E-mail: tourist-info.diez@t-online.de, Internet: www.rhein-lahn-info.de

Links Mündung der Aar

Bootshaus der Diezer Paddlergilde

Das Flusstal wird enger und nun beginnt die reizvolle Flussstrecke durch den Naturpark Nassau bis zur Mündung in den Rhein, wo „Die Lahn am schönsten ist". Die auf der linken Seite gelegenen waldreichen Taunusberge und die rechts aufragenden steilen Hänge des Westerwaldes rücken ganz eng an die Lahn heran, drücken das Flusstal zusammen. Eins der romantischsten Flusstäler Deutschlands wartet nun auf die Wanderer durch das Tal der Lahn.

Fachingen

(linke Flussseite. Kleiner Ort in einem versteckten Winkel an der Lahn)

Berühmter Mineralbrunnen seit 1746, als man begann, die Quelle auf einer Wiese am Ufer der Lahn zu fassen und sie kommerziell zu nutzen. Die Bewohner von Fachingen kannten sie aber schon viel früher und schätzten das gut schmeckende Wasser.

Fachingen Heil- und Mineralbrunnen GmbH, Postfach 3827, 55028 Mainz, Info-Service Telefon: 0 18 02 / 150 150

Flusskilometer 86,5 → ***Ein- und Ausstiegstelle am linken Flussufer***

Rastplatz. Slip-Anlage. Eisenbahnbrücke
Rechts Zeltplatz der Diezer Paddlergilde Aufenthalt nur mit Genehmigung durch den Verein

Die Berge treten jetzt etwas vom Fluss zurück und die Hochebene fällt sanft zum Fluss ab. Flusswanderer erwartet jetzt eine Kulisse wie aus einem Märchenbuch. Oben auf der Höhe das mit Türmen verzierte Schloss Schaumburg und unten am Fluss einer der reizendsten kleinen Orte des ganzen Lahntals – Balduinstein.

Balduinstein (linke Flussseite)

Der runde Port-Turm „bewacht" das kleine, malerische Örtchen in dem engen Taleinschnitt. Es ist ein Schmuckstück an der Lahn, mit schön gelegenen Gaststätten am Ufer – eine liebliche Sommerfrische.

Information: Gemeinde Balduinstein, 65558 Balduinstein, Telefon: 0 64 32 / 8 24 01

Flusskilometer 90,7 → ***Ein- und Ausstiegstelle am linken Flussufer vor der Brücke***
Rastplatz.
Mehrere Anlegestege von Gaststätten für Motorboote.
Rechts nach der Brücke ebenfalls gute Ein- und Ausstiegstelle sowie Rastplatz für Kanuten.

Flusskilometer 91,8 **Wehr und Schleuse Cramberg, Telefon 0 64 39 / 64 31**
Schleuse rechts.
Sportboote eventuell rechts umtragen.
Wasserableitung links durch einen Tunnel zu einem sieben Kilometer entfernten Kraftwerk. Möglich war dies, weil die Lahn hier ein starkes Gefälle hat, und das durch die Röhren schießende Wasser die Turbinen antreibt um dann auf der anderen Bergseite in den Fluss zurückzufließen.
Achtung! Eine gefährliche Querströmung am Kraftwerksauslauf bei Kilometer 98,5 am linken Ufer möglich.

Der jetzt folgende Flussabschnitt ist besonders einsam, still und friedlich, denn Straße und Eisenbahn verschwinden streckenweise aus dem Tal und selbst der Lahntal-Radwanderweg verlässt ab Geilnau das Flusstal. In einem großen, nahezu kreisförmigen Bogen umfließt die Lahn fast vollständig den Ort Cramberg oben auf der Höhe, grad so als hätte sie sich's überlegt wieder zurück zur Quelle zu fließen. Doch bevor dies hätte passieren können, ändert sie mit einer Haarnadelkurve die Fließrichtung und dann kommt auch wieder die Bahn aus einem Tunnel heraus an's Ufer der Lahn. Diesen idyllischsten Teil des Flusses muss man mit allen Sinnen genießen. Besonders schön an einem sonnenglänzenden Sommertag, wenn Lichtstrahlen die sattgrünen Waldhänge zum Leuchten bringen und das ganze Tal erfüllen, am blauen Himmel flauschige Wölkchen dahinziehen, bunte Schmetterlinge fröhlich aufgeregt über dem Wasser flattern, Bienen geschäftig summen, Vögel lustvoll in den Bäumen singen und silberne Lichtpunkte auf dem geruhsam ziehenden Wasser aufblitzen, sobald ein Windhauch die Wasseroberfläche kräuselt.

Geilnau (rechte Flussseite)
Nur von oben, von Holzappel an der B417, zu erreichen.

Flusskilometer 96,8 **Wehr und Schleuse Scheidt - Telefon: 0 64 39 / 69 46**
Schleuse rechts. Sportboote können rechts umtragen werden.
Kilometer 98 – 99 links Naturschutzgebiet „Gabelstein"
Die schroffen Klippen des Gabelsteins waren einst bei den Lahnschiffern gefürchtet, denn an dieser Stelle brausten die Fluten der ungebändigten Lahn besonders wild und so manches Schiff zerschellte hier. Sogar der Teufel soll dort oben gewohnt haben und viele düstere Geschichten ranken sich um diese Felsenecke. Heute „wohnen" dort viele vom Aussterben bedrohte Vogelarten. Oberhalb der Aussichtspunkt „Gabelstein", der von Cramberg aus zu erreichen ist.

Balduinstein

Burg Balduinstein

Zwischen Waldbergen eingeschlossen – Laurenburg

Der Limburger Dom

Flusskilometer 100,5 Rupbach

→ Ein- und Ausstiegstelle am linken Flussufer

Campingplatz des Eisenbahn-Sport-Verein Lahnstein.

Auch für Nichtmitglieder. Keine Bewirtschaftung. Telefon: 0 26 21 / 37 26

Laurenburg (rechte Flussseite)

Im langgestreckten Flusstal, am langgestreckten Waldhang das schmale langgestreckte Dörfchen Laurenburg. Oben, aus den welligen Laubwäldern herauswachsend, der erhalten gebliebene fünfeckige Turm der ehemaligen Burganlage Laurenburg. Burganlage und Turm mit Militoria-Museum geöffnet Mittwoch – Montag von 10 – 18 Uhr.

Einige Wohnmobil-Stellplätze an der Burg. Mit Sanitärgebäude. Nicht für größere Mobile geeignet wegen steiler und kurvenreicher Zufahrt.

HERZLICH WILLKOMMEN
AUF DER LAURENBURG

Flusskilometer 101,9 ***→ Ein- und Ausstiegstelle am rechten Flussufer***

Gasthof „Zum Lahntal", 56379 Laurenburg, Telefon: 0 64 39 / 76 20, Fax: 0 64 39 / 61 93

Rastplatz zur Einkehr. Zeltmöglichkeit für Flusswanderer.

Bootssteg des Nautic-Club Mittellahn

(Es lohnt sich, hier einige Urlaubstage zu verbringen und zu wandern, beispielsweise über den Gabelstein nach Balduinstein. Tourenkarten gibt's vor Ort im Militaria-Museum auf Burg Laurenburg).

Flusskilometer 102,5 Unmittelbar nach der Straßenbrücke

→ Ein- und Ausstiegstelle am rechten Flussufer

PKW-Zufahrt möglich. Slip-Anlage

Die B417 kommt wieder an die Lahn. Am Abzweig links zum Ort Laurenburg ist auf einer kleinen Freifläche eine Grubenlore und ein Miniförderturm aufgestellt, die an den aufgegebenen Bergbau erinnern sollen. Eine riesige Abraumhalde aus der Zeit des Bergbaus ist auf der rechten Seite sichtbar. Sie wird nach und nach begrünt. 1952 wurde die Förderung eingestellt. Zeitweise war diese Grube die tiefste ihrer Art in Deutschland. Sieben Stollengänge übereinander bis in 1150 Meter Tiefe, die oben von Holzappel bis hinunter nach Weinähr bei Obernhof vorgetrieben waren und die Berge gleich einem Schweizer Käse durchlöchert haben.

In dem engen Tal hat jetzt nur noch die Straße rechts und die Bahn links Platz und beide begleiten fast überall den Fluss mit allen seinen Windungen durch schöne Waldtäler bis zur Mündung.

Wasserschistrecke Kilometer 103,6 – 104,8
10 Uhr bis Sonnenuntergang
Flusswanderer äußerst rechts fahren bei Wasserschibetrieb

Flusskilometer 104,5 – links oben die Brunnenburg. Nur noch geringe Reste des um 1200 erbauten ehemaligen Klosters. Durch ein tief eingeschnittenes Tal führt ein Weg nach oben.

Flusskilometer 105,8 **Wehr und Schleuse Kalkofen – Telefon: 0 64 39 / 71 11**
Schleuse rechts. Wehr links.
Achtung! Am Anfang des Schleusenkanals Kraftwerkseinlauf links. Querströmung möglich.
Sportboote eventuell umtragen: am Ende des Schleusenkanals, links Anlegestelle und über die Insel umsetzen.

Kalkofen (rechte Flussseite)
Nur ein paar Häuser an der Straße, dicht am Fluss – aber berühmt. Wenigstens bis vor ein paar Jahren, wenn morgens , bevor es zur Arbeit ging, der Rundfunksprecher zu Kaffee und Brötchen die Wasserstände für die Binnenschifffahrt ansagte: „Die Lahn, Pegel Kalkofen, 160,3 minus 2". Heute erfolgen die Wasserstandsmessungen automatisch und jeder, der sie braucht, kann diese telefonisch abfragen.
Automatische Wasserstandansage Pegel Kalkofen, Telefon: 0 64 39 / 1 94 29

Obernhof (beide Flussseiten)
... die Weininsel im Lahntal

Wein von der Lahn, das ist weitgehend unbekannt. Kommt der Flusswanderer aus den grünen, gewundenen Waldtälern heraus, sieht er zur Rechten die hohen und steilen Rebhänge und unten die am Fluss versammelten bunten Häuser des hübschen Örtchens Obernhof. Ob man will oder nicht – es kommt eine heitere Stimmung in das Gemüt des Wanderers.

Weingut und Weinstube Ernst Haxel, Borngasse 6, 56379 Obernhof, Telefon: 0 26 04 / 45 08.

Geöffnet Mai – Oktober ab 16 Uhr, sonntags ab 15 Uhr, Montag Ruhetag.

Weingut und Weinschänke Massengeil-Beck, Borngasse 5, 56379 Obernhof, Telefon: 0 26 04 / 75 63 oder 57 22, Fax: 0 26 04 / 950 630, Internet: www.rhein-lahn-info/massengeil-beck. Geöffnet Montag bis Samstag ab 15 Uhr, Sonntag ab 11 Uhr, Dienstag Ruhetag.

Lahn-Weingut-Weinstube U.& S. Haxel, Arnsteiner Straße 1-2, Telefon und Fax: 0 26 04 / 41 24.

Geöffnet Mai – Oktober ab 13 Uhr, Samstag und Sonntag ab 11 Uhr. Dienstag Ruhetag.

Weingut und Weinstube Roßdeutscher, Hauptstraße 50, Telefon: 0 26 04 / 51 63

Fachwerkhäuser. Kleine barocke evangelische Kirche von 1715.

Weinromantik in Obernhof

Schloss Langenau

Flusskilometer 110 Obernhof

→ ***Ein- und Ausstiegstelle am linken Flussufer an der Brücke***

Rastplatz für Ruderer und Kanuten. Parkmöglichkeit. Bahnhof.

Zwei Kanuverleiher. Tretbootverleih. Dampferanlegesteg (Dampferfahrten nach Nassau, Bad Ems).

Auf der anderen Brückenseite „Gaststätte Bingel", Telefon: 0 26 04 / 81 72

Tourist-Information für das Nassauer Land → siehe Nassau

Campingplatz Obernhof

Camping Obernhof, 56379 Obernhof, Telefon: 0 26 04 / 18 65, Fax: 0 26 04 / 47 06

(Flusswanderer können am Platzende direkt am Ufer zelten und auch ein Lagerfeuer zündeln)

Kloster Arnstein (linke Flussseite)

Leuchtend in seinem weißen und ockerfarbenen Verputz steht dieses bedeutende Kloster auf einer steilen Bergspitze vor grüner Waldkulisse über dem Tal der Lahn. Zwei mächtige Türme flankieren das Kirchenschiff. Erbaut im 12. Jahrhundert.

Flusskilometer 111 → Rechts Mündung des Gelbach

Gelbach, beliebter Bach bei Wildwasserkanuten. Schönes, einsames Tal.

→ ***Ein- und Ausstiegstelle am rechten Flussufer***

Campingplatz Schloss Langenau, 56379 Obernhof, Telefon: 0 26 04 / 46 66

Schloss Langenau (rechte Flussseite)

Ein anheimelnder Platz, unkriegerisch, vertrauenerweckend, inmitten Wiesen und nicht auf steiler, drohender Felsklippe, ein Schloss, das friedlich daliegt und zwischen duftenden Blumen und rankendem Efeu zu schlafen scheint – das einzige Tal- und Wasserschloss an der Lahn. Mit Restaurant.

Schloss Langenau, 56379 Obernhof, Telefon: 0 26 04 / 94 21 35, Fax: 0 26 04 / 2 29

Flusskilometer 112 - 114 Links Naturschutzgebiet „Schleuse Hollerich"

Anlanden und Betreten verboten

Flusskilometer 113,1 **Wehr und Schleuse Hollerich** - Telefon: 0 26 04 / 54 44

Wehr rechts. Schleuse links.

Umtragen von Sportbooten: in Schleusenkanal einfahren, vor der Schleusenkammer links Ausstiegstelle und von dort ins Unterwasser umtragen.

Flusskilometer 116,0 **Nassau.** → ***Ein- und Ausstiegstelle am rechten Flussufer***

Campingplatz „Auf Au"

Campingplatz Auf Au, 56277 Nassau, Telefon: 026 04 / 44 42
Freibad, Flusskilometer 116,6
Bootshaus des Nassauer Kanu-Clubs vor der Hängebrücke rechts.
Telefon: 0 26 04 / 44 42.
Keine Zeltmöglichkeit, aber Bootslagerung für Stadtbesuch möglich.

Nassau (rechte Flussseite)

... eine Wiege europäischer Geschichte

Jedes Jahr feiern viele Niederländer in Nassau den Geburtstag ihrer Königin. Die eigene Geschichte ist ihnen sehr wichtig, denn hier in Nassau ist nicht nur die Wiege der Grafen von Nassau, sondern durch dieses Grafengeschlecht auch zu einem guten Teil die Wiege ihres Staates und ihres Königshauses. Beatrix, Königin der Niederlande in weiblicher Erbfolge, entstammt in direkter Linie dem nassauischen Grafengeschlecht. In Deutschland ist Nassau nicht sehr bekannt, aber den Begriff „nassauern", den kennt jeder. Der entstand aber weitab an der Universität in Göttingen, wo der Landesfürst, in Ermangelung einer eigenen Universität, seine jungen Leute studieren ließ. Dort hatte er für seine Studenten einen Freitisch eingerichtet, an dem sie kostenlos speisen durften. Dies nutzten auch andere Studiosi aus, aßen bei „den Nassauern", das heißt, sie gingen „nassauern".

Nassau ist aber nicht nur ein geschichtlich interessanter Ort für Niederländer, auch deutsche und europäische Geschichte ist mit diesem Ort verknüpft.

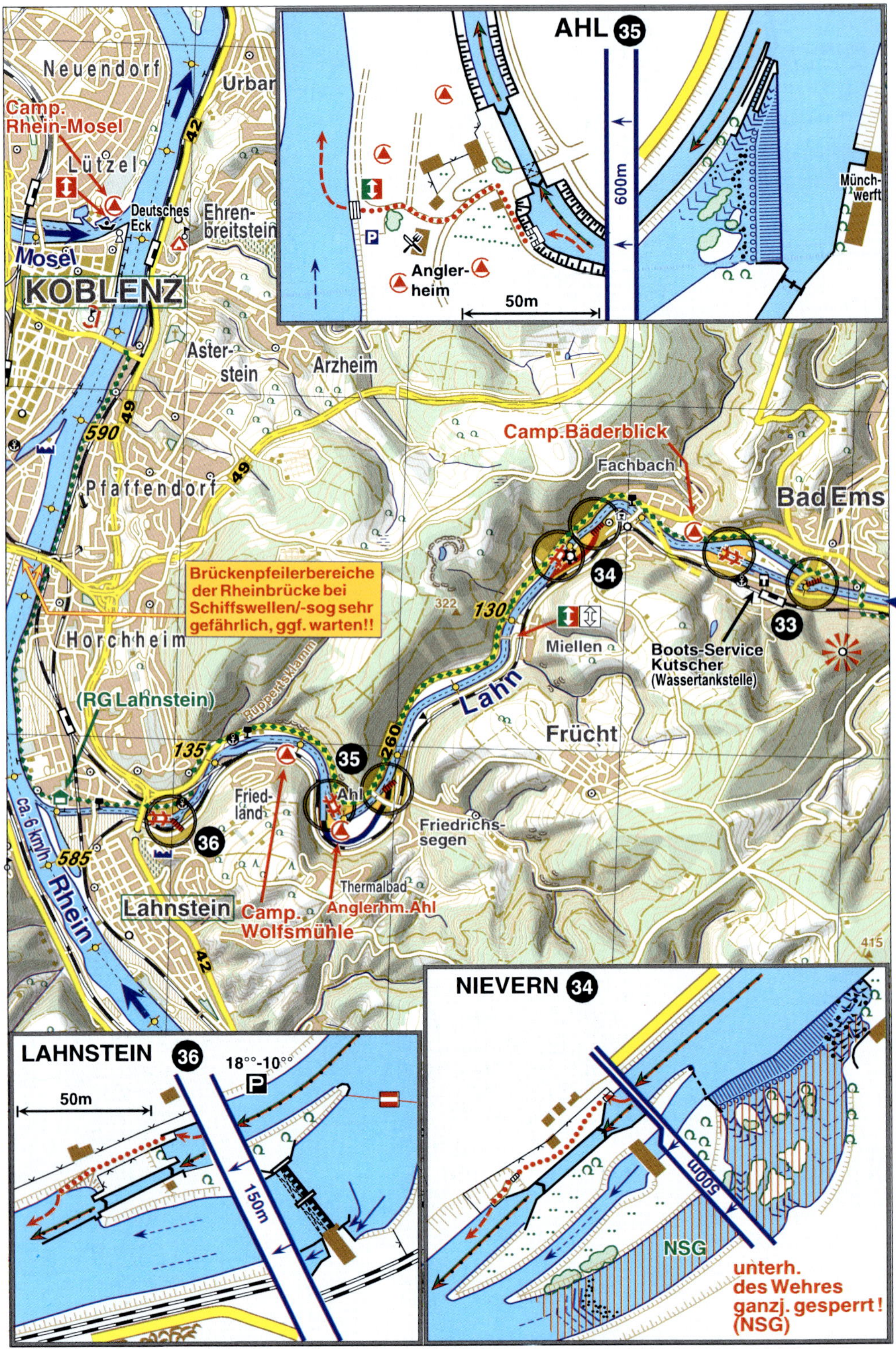

AHL 35
600m
50m
Angler-
heim
Münch-
werft
Neuendorf
Urbar
Camp.
Rhein-Mosel
Lützel
Deutsches
Eck
Ehren-
breitstein
Mosel
KOBLENZ
42
Aster-
stein
Arzheim
590
49
Pfaffendorf
Camp.Bäderblick
Fachbach
Bad Ems
Brückenpfeilerbereiche
der Rheinbrücke bei
Schiffswellen/-sog sehr
gefährlich, ggf. warten!!
34
322
130
Miellen
33
Boots-Service
Kutscher
(Wassertankstelle)
Horchheim
(RG Lahnstein)
Ruppertsklamm
Lahn
Frücht
135
35
260
Fried-
land
Ahl
Friedrichs-
segen
ca. 6 km/h
585
36
Rhein
Thermalbad
Lahnstein
Camp.
Wolfsmühle
Anglerhm.Ahl
415
LAHNSTEIN 36
18°°-10°°
50m
150m
NIEVERN 34
500m
NSG
unterh.
des Wehres
ganzj. gesperrt!
(NSG)

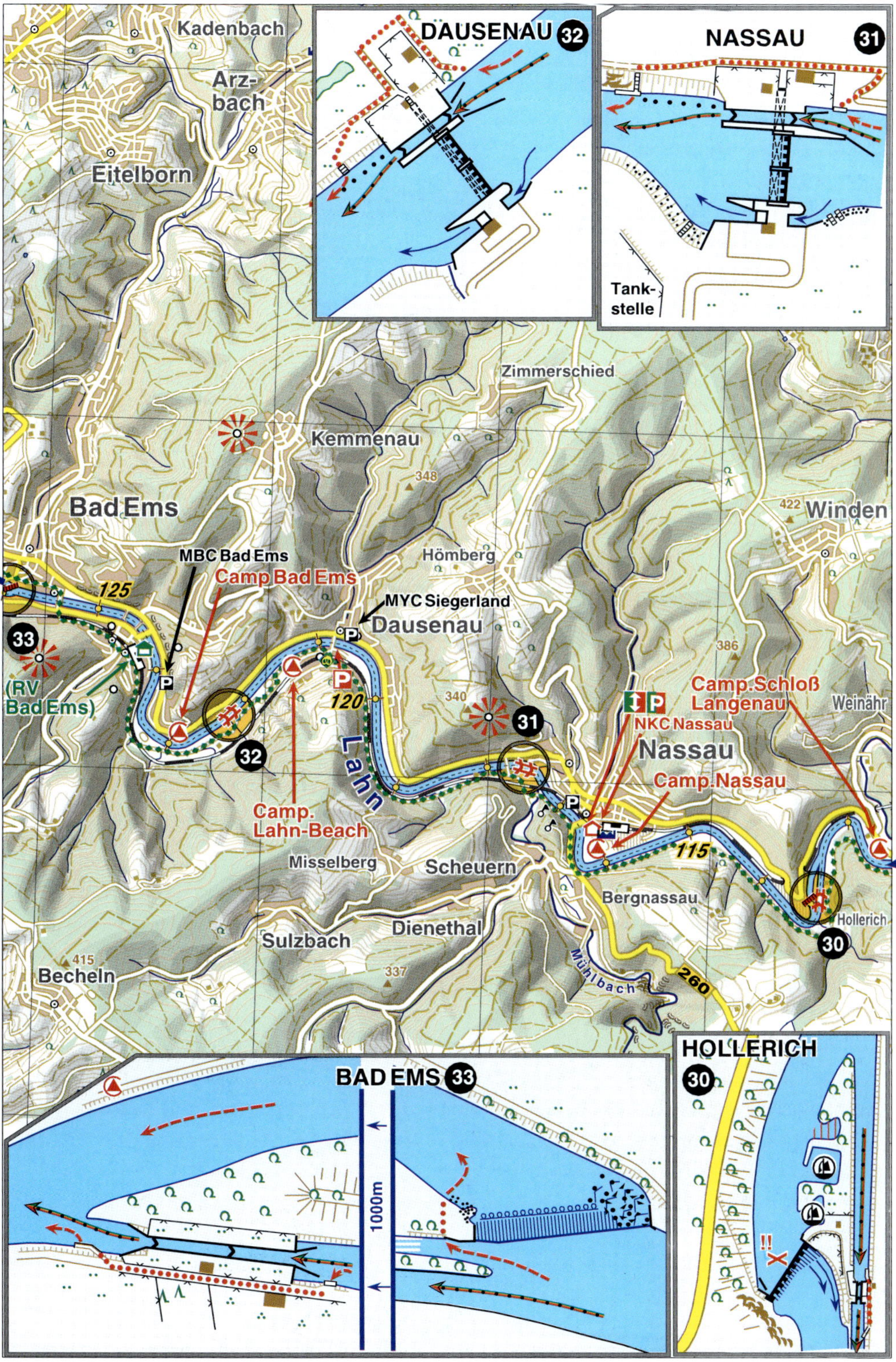
DAUSENAU 32
NASSAU 31
Tank-
stelle
Kadenbach
Arz-
bach
Eitelborn
Zimmerschied
Kemmenau
348
Bad Ems
422
Winden
Hömberg
MBC Bad Ems
Camp.Bad Ems
MYC Siegerland
Dausenau
125
33
386
(RV
Bad Ems)
120
340
31
Camp.Schloß
Langenau
Weinähr
NKC Nassau
Nassau
32
Lahn
Camp.Nassau
Camp.
Lahn-Beach
115
Misselberg
Scheuern
Bergnassau
Hollerich
30
Sulzbach
Dienethal
415
Becheln
337
Mühlbach
260
BAD EMS 33
1000m
HOLLERICH
30

Wanderung zu den Burgen:
Von der Straßenbrücke mit dem Wanderzeichen schwarzes L auf weißem Grund.
Fahrradverleih bei der Tourist-Information
Boots- und Fahrradverleih Hofmann (an der Lahnbrücke), 56377 Nassau,
Telefon: 0 26 04 / 16 39 oder 94 20 83
Stadtführungen jeden Sonntag ab 14 Uhr von Mai – Oktober.
Tourist-Information
Schlossstraße 6, 56377 Nassau/Lahn,
Telefon: 0 26 04 / 97 02-30 oder 72, Fax: 0 26 04 / 97 02-24,
E-mail: tnl-nassau@t-online.de, Internet: www.nassau-lahn.de

Flusskilometer 117,6 **Wehr und Schleuse Nassau – Telefon: 0 26 04 / 55 57**
Schleuse rechts
Sportboote umtragen: rechts vor der Schleuse Ausstiegstelle. Rechts hinter den Gebäuden umtragen bis zur Treppe und Einstiegstelle nach der Schleuse.

Dausenau (rechte Flussseite)
... mit dem historischen „Wirtshaus an der Lahn"

Das schönste und typischste Bild einer kleinen mittelalterlichen Stadt, direkt am Ufer des Flusses gelegen und in seiner unverfälschten Geschlossenheit einmalig an der Lahn. Wer sich von der Wasserseite dem Ort nähert, dem zeigt sich eine hohe geschlossene Stadtmauer, flankiert von zwei Türmen und überragt vom prächtigen Fachwerkrathaus, dem „zweitältesten spätgotischen Fachwerkrathaus Deutschlands" von 1432. In der Mauer unten eine Pforte, durch die früher die Schiffer mit ihren Pferden vom Treidelpfad zum Wirtshaus und seinem Stall gelangen konnten. Über allen Dächern aber thront auf einem Felsen im Ort die evangelische St. Kastorkirche. Umgeben von den Bergen des Westerwaldes kuschelt sich das Örtchen an eine kleine Ausbuchtung waldreicher Hänge und dadurch wirkt es noch reizvoller und malerischer.

„Altes Wirtshaus an der Lahn", 56132 Dausenau, Lahnstraße 12, Telefon und Fax: 0 26 03 / 65 25

Tourist-Information: Heimat- und Verkehrsverein im „Alten Wirtshaus an der Lahn" oder bei der Tourist-Information Bad Ems.

Motorbootliegeplätze des MYC Siegerland unterhalb der Stadtmauer rechts. Gäste im Wirtshaus melden.

Rastplatz, vor der Straßenbrücke links

Nach der Straßenbrücke links Kanuverleih

Flusskilometer 121,5 → ***Ein- und Ausstiegstelle am linken Flussufer***

Campingplatz Lahn Beach

Camping- und Freizeitpark Lahn-Beach, 56132 Dausenau, Hallgarten 16

Telefon: 0 26 03 / 1 30 84

Geöffnet: 1. 4. – 31. 10., Gaststätte, Kiosk, Bootsslip-Analge, Motorbootstege.

Flusskilometer 122,4 **Wehr und Schleuse Dausenau – Telefon: 0 26 03 / 36 09**

Wehr links, Schleuse rechts

Sportboote eventuell umtragen: rechts vor der Schleuse aussteigen, um die Gebäude umtragen und unterhalb an der Treppe wieder einsetzen.

Flusskilometer 123,0 → ***Ein- und Ausstiegstelle am rechten Flussufer***

Campingplatz Bad Ems

Campingplatz Schmidt Henning, Obere Lahnstraße, 56130 Bad Ems,

Telefon: 0 26 03 / 46 79, Fax: 0 26 03 / 44 87

- Beginn des Stadtgebietes von Bad Ems -

Rechts Stege des Motorboot-Club Bad Ems

Links Bootshaus Ruderverein Bad Ems

Baderleibrücke · Bahnhofsbrücke

Mehrere Motorboot-Anlegestellen.

Rechts Kurhotel · Fußgängerbrücke · Bootsverleih · Dampferanlegestelle

Links der Quellenturm

Barockes Kurhaus mit Spielbank

Rechts oben die Kurwaldbahn und oberhalb der Bismarckturm

Links die Russische Kirche

Rechts Kaiser-Wilhelm-Denkmal, anschließend der Kurpark

Kaiserbrücke

Kurmittel- und Therapiezentrum, Emser Therme

Remybrücke

Bad Ems (beide Flussseiten)

... die elegante Kurstadt

Aus romantischen Waldtälern kommend, die von Felshängen gesäumt sind, erreicht der Wanderer im Tal der Lahn ganz unvermittelt die elegante Kurstadt und ist geblendet vom strahlenden Weiß seiner verschnörkelten Fassaden, die sich an der Uferfront aufreihen – ein Kontrast, der verblüfft und etwas merkwürdig Unwirkliches an sich hat, war doch bisher ländliche Idylle und mittelalterlich romantisches Häusergeschachtel in kleinen Gassen das vorherrschende Bild der Orte an der Lahn. Welch ein überraschender Ort!

Dausenau

Das Rathaus in Nassau

Lahnstein

Museen
Kur- und Stadtmuseum, Römerstraße 97. Emser Bergbaumuseum, Emser Hütte 2,

Stadtführung
Jeden Freitag um 14 Uhr. Treffpunkt Tourist-Information.

Bootsverleih
Tret-, Ruder-, Elektroboote und Kanus an der Fußgängerbrücke

Das gesunde Badevergügen
Emser Therme, Victoria-Allee, Telefon: 0 26 03 / 9 79 00

Jugendherberge
Alte Kemmenauer Straße 41, 56130 Bad Ems, Telefon: 0 26 03 / 26 80, Fax: 0 26 03 / 5 03 84

Tourist-Information
Bad Ems Touristik e.V., Römerstraße 1, 56130 Bad Ems, Telefon: 0 26 03 / 94 15-0, Fax: 0 26 03 / 44 88

E-mail: Bad-Ems-Information@t-online.de, Internet: www.rhein-lahn-info.de/badems

Flusskilometer 126,0 **Wehr und Schleuse Bad Ems – Telefon: 0 26 03 / 7 05 40**
Links Beginn des etwa 1000 Meter langen Schleusenkanals.
Rechts Schleuseninsel und Wehr.
Sportboote eventuell umtragen: an der Spitze der Schleuseninsel links aussteigen und nach rechts umtragen; unterhalb vom Wehr.
Im Schleusenkanal kann vor der Schleuse links ausgestiegen und nach der Schleuse wieder eingesetzt werden.

Fachbach (rechte Flussseite)

Flusskilometer 127,5 → *Ein- und Ausstiegstelle am rechten Flussufer*
Campingplatz Fachbach
Campingplatz Bäderblick, 56133 Fachbach, Telefon: 0 26 03 / 1 32 02

Nievern (linke Flussseite)
1696 erwarb die Industriellenfamilie Marioth aus Lüttich das Schloß Langenau an der Lahn. In Nievern erhielten sie das Privileg zur Errichtung eines Hüttenwerkes. Es wurde das größte an der Lahn. Töpfe, Pfannen, Treppengeländer, Kandelaber, Bügeleisen, Herde, Waffeleisen, Kanaldeckel und vieles andere mehr – Erzeugnisse aus der „Nieverner Hütte" waren ein Begriff für Qualität. Reste der alten Fabrikgebäude sind noch heute sichtbar, aber auch die Schlackeinsel in der Lahn, denn damals durfte alles in den Fluss gekippt werden, wodurch die einstige Sandinsel zur sechs Meter hohen Abfallinsel anwuchs.

Flusskilometer 129,3 **Wehr und Schleuse Nievern – Telefon: 0 26 03 / 1 45 27**
Schleuse rechts.
Sportboote eventuell umtragen: rechts vor der Schleuse Ausstiegstelle. Rechts umtragen bis zur Einsetzstelle nach dem Wehr.

Wehr links. Achtung! Unterhalb des Wehres bis zum Ende der Schleuseninsel Befahrung ganz-jährig verboten – Naturschutzgebiet „Nieverner Wehr".

Miellen (linke Flussseite)
Kleiner ruhiger Ort. Gasthof „Zum alten Dorfbrunnen". Von hier lohnt sich eine kleine Wanderung durch das klammartige, höchst romantische Schweizertal, wegen der früher hier klappernden sechs Mühlen auch Mühlenbachtal genannt. Der Weg beginnt etwa 50 Meter nach der hölzernen Flussbrücke und führt links hoch, durch einen kleinen Bahntunnel, nach Frücht auf kahler Höhe. Dort ist die Gruft des aus Nassau stammenden Freiherren vom Stein.

Flusskilometer 130,6 ***→ Ein- und Ausstiegstelle am linken Flussufer nach der Holzbrücke***
Slip-Anlage, Rastplatz, PKW-Zufahrt möglich.

Friedrichssegen (linke Flussseite)
Bergmannssiedlung im Bereich der ehemaligen Blei-, Silber und Eisenerzgruben, wo schon die Kelten und Römer Schächte in das Erdreich gruben.
Bergbau-Museum, Ahler Hof, 56112 Lahnstein-Friedrichssegen, Telefon: 0 26 21 / 28 41.

Flusskilometer 133,1 **Wehr und Schleuse Ahl – Telefon: 0 26 21 / 85 63**
Einfahrt in den 600 Meter langen Schleusenkanal rechts bei Flusskilometer 132,5. Auf der linken Seite das unfahrbare Wehr.
Sportboote eventuell umtragen: links vor der Schleusenkammer Ausstiegsmöglichkeit und auf der Straße durch das Campinggelände, an der Gaststätte „Anglerheim" vorbei nach unten zur Einstiegstelle.

→ Ein- und Ausstiegstelle am rechten Flussufer
Zwei Campingplätze
Campingpark „Lahnbogen", Emser Landstraße 26, 56112 Lahnstein,
Telefon: 0 26 21 / 83 09, Fax: 0 26 21 / 66 95
Camping „Auf Ahl", An der Lahn, 56112 Lahnstein, Telefon und Fax: 0 26 21 / 88 22

Flusskilometer 134,2 ***→ Ein- und Ausstiegstelle am linken Flussufer***
Campingplatz Wolfsmühle
Hohenrhein 77, 56112 Lahnstein, Telefon: 0 26 21 / 25 89, Fax: 0 26 21 / 25 84
Geöffnet: 1.3. – 30.10.
- guter Platz zur Beendigung einer Ferien-Wanderfahrt um mit der Bahn zurückzufahren und das Auto zu holen -

Bad Ems

Bad Ems

Die 1000- jährige Eiche in Dausenau

Flusskilometer 136,0 **Wehr und Schleuse Lahnstein – Telefon: 0 26 21 / 6 25 58**

Schleuse rechts. Wehr links.

Sportboote eventuell umtragen: an der Schleuseneinfahrt rechts aussteigen und rechts ins Unterwasser umtragen.

Hochbrücke der B42

Lahnstein am Rhein (links Oberlahnstein, rechts Niederlahnstein)

... am Ende der lieblichen Lahn

Das enge Flusstal öffnet sich, die steilen Fels- und Waldhänge weichen zur Seite und es wird licht und weit. Voraus das Rheintal. Rechts oben auf dem Berg die Allerheiligenbergkapelle und links oben die Burg Lahneck. Beide Orte haben ihre eigene Geschichte und ein kleiner Spaziergang durch die Ortsteile lohnt sich.

Auf der rechten Flussseite Niederlahnstein. Dort steht unterhalb der Straßenbrücke direkt am Ufer des Flusses und am ehemaligen Treidelpfad das schöne Fachwerkhaus aus dem 17. Jahrhundert mit dem „Historischen Wirtshaus an der Lahn". Seitlich angebaut der runde Zollturm. Goethe muß die Lahn gemocht haben, denn auf einer seiner Reisen ist er auch hier eingekehrt, traf sich mit den Herren Basedow und Lavater, und sie sollen angeblich Bohnen mit Speck verspeist haben. In den letzten Jahren war es eine Stätte gepflegter Gastronomie. Doch so einladend es aussieht, dazu der Gastgarten mit den puscheligen Laubkronen dicker Bäume, das Wirtshaus ist geschlossen – aus Altersgründen und ein neuer Pächter ist nicht in Sicht.

Was sich sonst noch sehen und erleben lässt

Burg Lahneck

Vom 1. 4. – 1. 11. täglich Führungen von 10 – 17 Uhr. Telefon: 0 26 21 / 27 89

Kerzenführung auf Burg Lahneck (Termin bei der Tourist-Information erfragen)

Museen

Museum der Stadt Lahnstein im Hexenturm.

Fastnachts-Museum im Martinsschloss am Rhein.

Stadtführung

Oberlahnstein: mittwochs 14 Uhr ab Hexenturm am Salhofplatz von Mai – September

Niederlahnstein: ab Lahnbrücke (Termin bei der Tourist-Information erfragen)

Essen und Trinken in rustikaler Umgebung

Burgrestaurant Burg Lahneck, Geöffnet: Dienstag – Sonntag 10 – 22 Uhr. Telefon: 0 26 21 /22 44

Jugendzeltplatz

Lahnstein-Friedrichssegen, Im Süßgrund. Vermietung durch die Tourist-Information.

Camping

„Burg Lahneck" (neben Burg und Schwimmbad, in toller Aussichtslage), Telefon: 0 26 21 / 27 65

Touristen-Information

Städtisches Verkehrsamt Lahnstein, 56112 Lahnstein, Stadthallenpassage. Telefon: 0 26 21 / 91 41 71 / - 1 72

Fax: 0 26 21 / 91 43 40. E-mail: Tourist@Stadt-Lahnstein.de, Internet: www.stadt-lahnstein.de

Flusskilometer 136,6 Straßenbrücke Niederlahnstein – Oberlahnstein

Links schwimmende Gaststätte

→ ***Ausstiegstelle am rechten Flussufer***

Rechts Bootsrampe, „Baareschesser"-Denkmal und gleichnamige Gaststätte sowie das Hotel-Restaurant „Parthenon" mit Biergarten. Öffentliches WC.

Links Hafen Lahnstein, rechts Kran eines ehemaligen Werftgeländes. Bootsrampe.

Rechts Rudergesellschaft Lahnstein.

Flusskilometer 137,3 **Mündung in den Rhein**

Leuchtende Tage.
Nicht weinen, dass sie vorüber.
Lächeln, dass sie gewesen!
Konfuzius

Lahnstein.
Das „Alte Wirtshaus an der Lahn“

In Lahnstein, das „Baareschesser“
- Denkmal.

Fahrtende in Lahnstein an der Mündung in den Rhein

Literatur, Landkarten, Führer

Stadtinformationen

Marburgs Stadtbuch

Marburg in Texten und Bildern, mit Tipps und Adressen, Stadtplan und „Tipps für Einsteiger"

Marbuch Verlag, Internet: www.marbuch-verlag.de

Marburg an der Lahn

Führer durch die Stadt und ihre Geschichte

Verlag Trautvetter & Fischer Nachf., Marburg

URBI – Stadtführer Marburg

Mit Beschreibung von 38 der schönsten historischen Bauwerke in Marburg, mit Stadtplan

Bickon Verlag, Marburg

Wetzlar

Kleiner Stadtführer durch Wetzlar mit zahlreichen Abbildungen und Stadtplänen

Von Dr. Irene Jung, erschienen 1999, Herstellung Vertrieb: Druckerei Will, Wetzlarer Straße 79, 35580 Wetzlar,

Telefon: 0 64 41 / 21 12 35, Fax: 2 52 69

Schloss Braunfels

aus der Reihe Große Baudenkmäler, Heft 309, Deutscher Kunstverlag

Bekanntes – unbekanntes Weilburg

Spaziergänge durch die barocke Residenzstadt an der Lahn

Von Helga Reucker, erschienen 1999 im Selbstverlag der „Bürgerinitiative Alt-Weiburg" e.V.

Limburg an der Lahn

Führer durch die Stadt und ihre Geschichte

Von G. Ulrich Großmann, erschienen im Verlag Trautvetter & Fischer Nachf., Marburg

Flussführer

DKV-Kanuführer für Südwest-Deutschland 4. Auflage, erschienen 2000, mit ausführlicher Beschreibung der Lahn

Deutscher Kanu-Verband GmbH, Postfach 10 03 15, 47003 Duisburg,

E-mail: verlag@kanu.de, Internet: www.kanu.de/verlag

Fluss- und Radwanderkarte (Besonders empfehlenswert)

Gewässerkarte Lahn – Wassersport-Wanderkarte und Radwanderkarte, 6 Karten DIN A 4, 4-farbig, Maßstab 1:75 000

Jübermann-Verlag, Krempelweg 2, 29525 Uelzen, Telefon: 05 81 / 7 82 32, Fax: 05 81 / 7 75 16

E-mail: info@juebermann.de, Internet: www.juebermann.de

Radwanderführer

Rad- und Wanderkarte Lahn-Dill,

Topographische Karte 1 : 50 000, Neuauflage 1998 mit komplett überarbeitetem Wander- und Radwanderwegenetz.

Gemeinsam herausgegeben von der Freizeitregion Lahn-Dill e.V., Karl-Kellner-Ring 51, 35576 Wetzlar und dem Hessischen Landesvermessungsamt

Radwanderweg Lahntal. Von der Quelle bis zur Mündung.

VUD Verlag, Freudenstadt in Verbindung mit dem ADFC – Allgemeiner Deutscher Fahrrad-Club, Hessen

Bikeline Radtourenbuch Lahn-Radweg, Von der Quelle zum Rhein

Verlag Roland Esterbauer, A – 3751 Rodingersdorf, Hauptstraße 31, E-mail: office@bikeline.at

Kunst- und Landschaftsführer

Die Lahn

Vom Quellteich bis zur Mündung,Text- und Bildband, Societäts-Verlag

DuMont Kunst-Reiseführer Hessen

Die Vielfalt von Kunst und Landschaft zwischen Kassel und Darmstadt

Das Lahnbuch

Fahrten an einem reizvollen Fluss von der Quelle bis zur Mündung, von Elisabeth Regge im Eigenverlag

Straßenkarten

General Karte Deutschland, Blatt 11, 12, 13

Wanderführer und Wanderkarten

Diese Wanderführer beschreiben die Strecken sehr ausführlich, enthalten auch viele Beschreibungen von Rundwanderwegen und sind deshalb besonders zu empfehlen:

Lahnhöhenwege Teil 1 Lahnhof – Marburg / Lahnhöhenwege Teil 2 Marburg – Wetzlar

Lahnhöhenwege Teil 3 Wetzlar – Lahnstein (rechts der Lahn, auf der Westerwaldseite)

Lahnhöhenwege Teil 4 Wetzlar – Lahnstein (links der Lahn, auf der Taunusseite)

Erschienen im Burgwald – Verlag, In der Aue 2, 35091 Cölbe, Telefon: 0 64 27 / 8005, Fax: 0 64 27 / 25 90

Wanderkarten

Rad- und Wanderkarte Lahn-Dill, Topographische Karte 1 : 50 000, Neuauflage 1998 mit komplett überarbeitetem Wander- und Radwanderwegenetz. Gemeinsam herausgegeben von der Freizeitregion Lahn-Dill e.V., Karl-Kellner-Ring 51, 35576 Wetzlar und dem Hessischen Landesvermessungsamt

Naturpark Nassau, Blatt 5, Limburg-Weinähr. Maßstab 1 : 25 000

Naturpark Nassau, Blatt 3, Weinähr-Bad Ems. Maßstab 1 : 25 000

Naturpark Nassau, Blatt 1, Bad Ems-Lahnstein. Maßstab 1 : 25 000

Herausgeber Landesvermessungsamt Rheinland-Pfalz.

Wasserwandern auf Lahn und Werra

KRUMOS' KANUS

Vermietung • Touren • Handel

Beethovenstr. 1 • 35 606 Solms

Telefon 0 64 42 / 9 21 18

Mobil: 0171 / 5 20 24 54 • Telefax: 0 64 42 / 9 21 19

www.krumos-kanus.de

E-Mail: info@krumos-kanus.de

Eigener Zeltplatz an der Lahn

Kanuvermietung: 15. April bis 31. Oktober
Geschäftszeiten: 9.00 - 12.00 Uhr und 14.00 - 16.00 Uhr

KRUMOS' KANUS

... damit Freizeit ein Erlebnis wird.

Prospekt anfordern!

Naturerlebnis

Entspannung

Bewegung

Kanu-Erlebnistouren für:

- **Individualisten**
- **Familien**
- **Betriebe und Vereine**
- **Schüler- und Jugendgruppen**

Ob in Gruppen oder individuell, Anfänger oder Paddelprofi – Krumos' Kanus bietet Ihnen 1er Kajaks, 2er-/3er-/4er-Canadier und 10er-Mannschaftskanus. Wir planen mit Ihnen Betriebsausflüge, Klassenfahrten, Individual- und Pauschaltouren auf Lahn und Werra.

PRIJON
www.prijon.com
Gratiskatalog anfordern
Catalina
Länge 464 cm
Breite 55 cm
Gewicht ca. 24 kg
Volumen ca. 320 l
Calabria
Länge 448 cm
Breite 64 cm
Gewicht ca. 27 kg
Volumen ca. 390 l
Capri
Länge 367 cm
Breite 62 cm
Gewicht ca. 23 kg
Volumen ca. 260 l
PreTec Carbon Tour
aus bis zu 15 Lagen Carbon- und
Glasfasergewebe | Gewicht 940 g
Im Katalog
30 Seiten Zubehör für Wanderpaddler
| www.prijon.com | prijon-gmbh@t-online.de |

Zeichenerklärung für die Gewässerkarten: Maßstab: 1:75 000

Kanugewässer

Rudergewässer

Motorbootgewässer

35 Gewässer-Kilometer (alle 5km mit Zahl)

kleine Stromschnelle

rot heftige Stromschnelle oder Schwall, Achtung

Wehranlage

Schleuse

schwarz Wasserskistrecke

rot Einsetzmöglichkeit

rot Aussetzmöglichkeit

rot Rastplatz

...auch für Ruderer geeignet (grün + rot)

rot Kanuverein

grün Ruderverein

schwarz Yachthafen

Verein ohne Übernachtungsmöglichkeit

sind die Vereinsnamen in Klammern (...) gesetzt, werden für Übernachtungen nur Verbandmitglieder aufgenommen.

rot Campingplatz

rot Biwakplatz bzw. einfache Zeltmöglichkeit

grün Lahn-Radwanderweg

Zeichen in den Detailskizzen:

Steilwehr

Schrägwehr

blau Wasserwalze, Rücksog (je nach Wasserstand Lebensgefahr)

blau Strömung

Stromschnelle

rot empfohlene Paddelstrecke

grün+rot - Kanu-+Ruderstrecke

+schwarz ...Kanu+Rudern+Motorboote

rot Umtragestrecke

Schl.SB Selbstbedienungsschleuse

hellrot Hinweise für den Fall, dass Schleuse nicht benutzt werden ka

!! !!! Achtung,Gefahr / Lebensgefahr

Umsetzen / Befahrbar / Unbefahrl

Kanu - GEWÄSSERKARTEN

für Deutschland und Österreich !

"wer plant, erlebt doppelt"

Wasserstandangaben, Wildwasserstufen, **Sperrungen(aktuell)** Wehre, Schleusen, Bootsgassen mit Umtrageskizzen, Bootshäuser, Anschriften für Übernachtungen, Ein-/ Aussetzstellen...

Neuheit 1999: Atlas E5- Berlin-Brandenburg, Maßstab 1:100 000, 50 Karten, DIN A5, 5-farbig mit Spreewald M=1:35 000, ISBN:3-929540-56-8

Bezug: Buchhandel, viele Wassersportausrüster, Deutscher Kanu - Verband, direkt beim Verlag

(einige Karten in wasserfester Ausführung und/oder Planokarten nur über den Verlag)

Erhard Jübermann - Katographie, ☎ 0581/78232
Krempelweg 2, 29525 Uelzen Fax: 0581-77516

Verlagsinfo anfordern

KANU- + KAJAK-VERLEIH
an der Lahn

Wassersport DANNER

über 20 Jahre Bootsverleih
über 40 Jahre Appel-Eski-Bootsbau
über 10 Jahre Seekajak-Touren auf Kreta

Wir bauen Kajaks und Canadier.
Lieferant für Kanusport-Artikel sowie aller Bootstypen anderer Hersteller.
Kanu-Schulung für Wasser-Wandern und Wildwasser.

Kajak-Verleih für Seekajak-Fahrten in eigener Regie
auf der Insel Kreta.

Führungsfahrten mit Seekajaks rund um Kreta und in Griechenland.

Bootswerkstätte Diez
65582 Diez/Lahn, Koblenzer Straße 13
Lahnkilometer 83,4
Zeltplatz für DKV-Wasserwanderer

Telefon 06432/81389
Telefax 06432/83450
Internet http://www.wassersport-danner.de

DKJ
Kanusport - im Verein am schönsten
Kaum eine Sportart ist so vielfältig wie Kanu. Beschauliches Wasserwandern, spektakuläre Wildwasserfahrten oder spannende Wettkämpfe – für Jeden ist etwas dabei.
Am schönsten ist Kanusport in einem der über 1.300 deutschen Kanuvereine. Hier gibt's die richtige Ausbildung, gemeinsame Fahrten und den Rückhalt eines starken Teams.
Weitere Infos und Adressen von Vereinen in Ihrer Nähe gibt es hier:
Deutscher Kanu-Verband e.V.
Bertaallee 8 • 47055 Duisburg
Tel. (02 03) 9 97 59-0 • Fax (02 03) 9 97 59-60
service@kanu.de • http://www.kanu.de/

Ob flußwärts oder die Küste entlang,

die Spezialisten
für das Leben im Freien
bieten die größte Auswahl
an Booten und Zubehör,
Bekleidung, Kochern, Zelten, Lampen...

Globetrotter
Ausrüstung

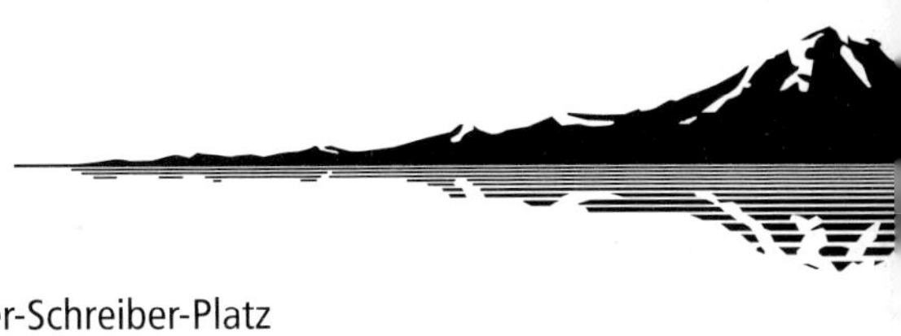

Denart & Lechhart GmbH
Bundesallee 88, 12161 Berlin, U-Bahn Walther-Schreiber-Platz
Telefon: (030) 850 89 20 Fax: (030) 851 11 69
Montag bis Freitag: 10.00 bis 20.00 Uhr Samstag: 9.00 bis 16.00 Uhr
e-Mail: shop-berlin@globetrotter.de
Internet: http://www.globetrotter.de

Hamburg|Berlin|Dresden

Die Technikschule für Canadier und Kajak!

Wir schulen von April bis Oktober durchgehend jede Woche jedes Wochenende.
Fordern Sie unser aktuelles Kursprogramm an und lassen Sie sich begeistern.

Wir freuen uns auf Ihren Besuch
bei uns in Oberstdorf oder in einem unserer Urlaubscamps in ganz Europa.

WILDWASSER - SCHULE
OBERSTDORF
ALLGÄU

Plattenbichlstraße 14 • 87561 Oberstdorf • Telefon 08322/98262 • Fax 98263
Internet: www.urlaubstip.de/wildwasserschule • E-Mail: wws-o@t-online.de

KLEPPER
FALTBOOTE

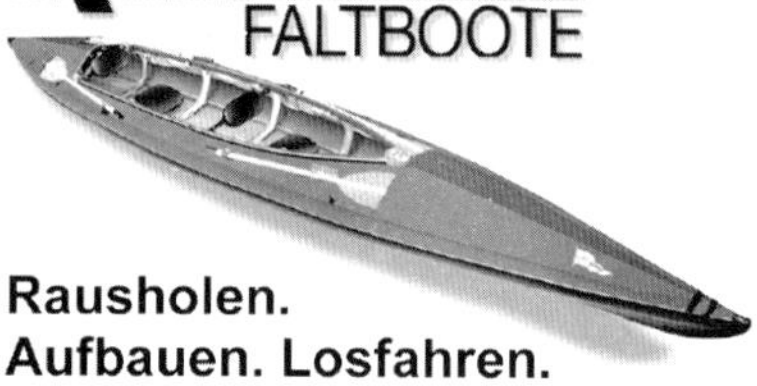

Rausholen.
Aufbauen. Losfahren.

Das KLEPPER-Faltboot können Sie mitnehmen, wo immer Sie auch hinwollen, auf eine Spritztour oder auf Expeditionen.

KLEPPER-Faltbootwerft · H.S. Walther GmbH
83026 Rosenheim · Klepperstr. 18 · Tel. 08031 21 67 0
Fax. 08031 21 67 77 · Internet: http://www.klepper.de

Eine freie Rheinfahrt von Bibrich nach Antwerpen *14,90 EUR*

von Walther von Diest 51 Zeichnungen, 137 Seiten,
Im Sommer 1881 unternahm Walter von Diest mit seinem Freund Ernst von Pfeffer im Kajak eine große, mehrwöchige Wanderfahrt auf dem Rhein, von Biberich nach Antwerpen. Die farbige Schilderung seiner Erlebnisse, die uns – das Paddelboot gleichsam als ‚Zeitmaschine' benützend – in die längst versunkenen Tage unserer Kanu-Pioniere zurückversetzen,

Das baldverlorene Paradies

Von H. Rittlinger 9. Auflage, 380 Seiten, 128 Abbildungen
Der Faltbootpionier Herbert Rittlinger hat mit spannenden Erzählungen seiner abenteuerlichen Reisen bis heute Jung und Alt fasziniert.

In diesem Buch sind 'die tausend unentdeckten Schönheiten der heimischen Gewässer' Drau und Enns ausführlich geschildert. Dazu die abwechselnden Erlebnisse mit 'seinen 3 Kajakfrauen'. Neben aller Fröhlichkeit und Erlebnisfreude, die diesem Buch zu eigen ist, nimmt Rittlinger ahnungsvoll Abschied von den romantischen, damals noch unberührten Flußauen, Buchten und versteckten Zeltlagerplätzen. Die überarbeitete Neufassung zeichnet sich durch eine wichtige aktuelle Ergänzung aus. Max Pollner hat den Originalbildern modernes Bildmaterial mit den flusslandschaftlichen Veränderungen von heute gegenübergestellt. Das Buch dokumentiert die Umgestaltung der schönsten Gewässer Österreichs im Zeitraum weniger Jahrzehnte.

Höllenfahrt durch den Grand Canyon *19,90 EUR*

von J.W. Powell 137 Seiten, 124 Zeichnungen . Übersetzung und Bearbeitung von Elmar Engel
Expeditionsbericht über die erste Befahrung und Erforschung des Green River und des Colorado River 1889.
Die Erkundung und Bezwingung der größten Schlucht der Welt sollte eines der größten Abenteuer des amerikanischen Kontinents werden. Seine Aufzeichnungen und präzisen Berichte zeigen die Entwicklung der Expedition zu einer Fahrt in die Katastrophe.
Mit distanzierter Genauigkeit schildert er die Vorgänge und Abläufe der Etappen:
Die extreme Landschaftssituation, die unüberwindbar scheinenden Felsbarrieren, die Flucht von Männern seiner Mannschaft und der Verlust von Proviant, Boot und Ausrüstung. All das verkettet sich zu einem Drama voller Spannung und Leidenschaft.

In den Schluchten Europas
Erstbefahrungen und Erlebnisse der Faltbootpioniere
Von W. Frentz 230 Seiten,101 Abbildungen 18,– EUR
Ob in den Schluchten des Balkans, der Alpen oder Spaniens, die Entdecker schildern spannend ihre Abenteuerreisen mit dem Faltboot in unbekannten finsteren Schluchten. Ein mit vielen historischen Bildern ausgeschmücktes Buch. Dazu eine kurze und ernüchternde Gegenüberstellung, was aus dem Paradies von damals geworden ist.

Mordssport *12,50 EUR*

Krimisammlung, von I. Kohler, 182 Seiten, 18 Illustrationen von Urban Troxler
Rafting, Trekking, Bergsteigen, Skitouren und Kanu liegen voll im Trend. Die Geschichten erzählen von Zwischenfällen mit aufrichtigen und hinterhältigen Sportlern.
Neun Krimis spielen an authentischen Tatorten in den Alpen, Lappland, Alaska und Kanada... , oder war doch ein echter Mord dabei?

Pollner Verlag
85764 Oberschleißheim
Rotdornstraße 7

Alles fließt ...

... und wir fahren drauf ab: mit Paddel und Kajak, zu zweit im Indianerkanu, als Gruppe auf dem Raft.

Lassen Sie die Alltagswelt hinter sich und erleben Sie spielerisch und ungezwungen die Natur. Sachkundig geleitete Fahrten, Kurse und Camps der Freiburger Kanuschule führen Sie in erholsame Oasen.

Ob Anfänger oder Profi: sogar unmittelbar vor der Haustür kann man kleine Flußabenteuer erleben.

Das aktuelle Programm gibt's kostenlos und völlig unverbindlich per Post – Anruf genügt. Und für Jugendgruppen und Betriebsausflüge machen wir gerne ein individuelles Angebot.

Freiburger Kanuschule
Gert's Kanushop

D-79102 Freiburg

Tel 07 61/29 225-01
Fax 07 61/29 225-02
Mobil 01 71/68 69 020

eMail 076178142@t-online.de
kanuschule@t-online.de

Kanu-

Outdoor-Center

Schule, Shop, Verleih

Rehlingstr. 5

D-79100 Freiburg

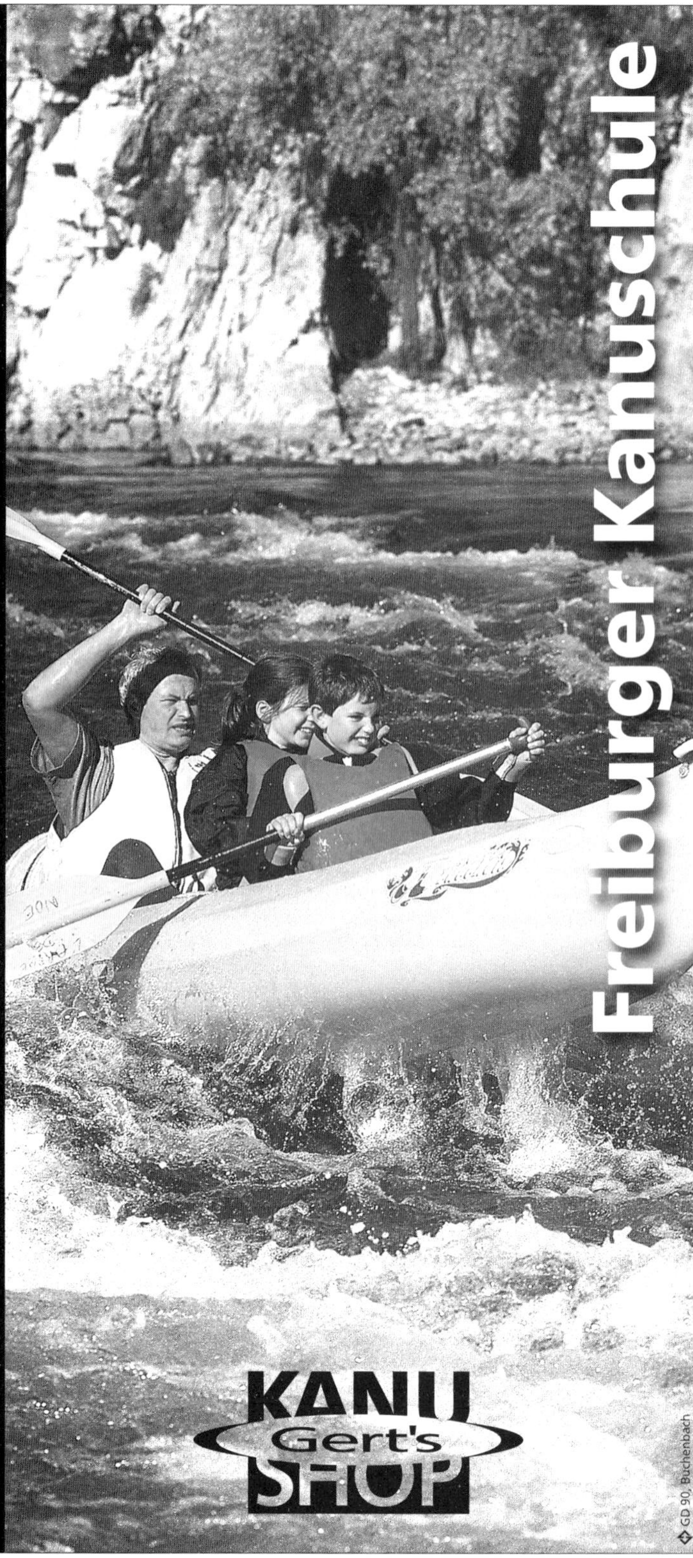

Buchliste Pollner Verlag

Pollner Verlag

Rotdornstraße 7
85764 Oberschleißheim
Fax 089/315 18 90

Kanuwandern:

Seekajakziele*
Kanuwandern in Schleswig-Holstein
Kanuwandern durch die Mark Brandenburg
Kanuwandern im Weser-Ems-Gebiet
Kanuwandern in Bayern
Der Kamp
Thaya
Kanutouren zwischen Ardennen und Rhön
Loire
Das Kanuland Femund
Der Allier

Kanuführer / Wildwasser

Durch Österreichs Schluchten*
Französische Alpen
Marokko
Korsika I*
Korsika II*
Wildwasserführer Piemont
Traumbäche und Schmunzelgeschichten*
Wildwasserperlen I Schwarzwald
Wildwasserperlen II Schwarzwald, Jura, Vogesen
Wildwasserperlen der Hochalpen*
Tessin – Kanu- und Schluchtenführer
Die Steirische Salza

Sport / Technik:

Sicher Eskimotieren und Kanurodeo
Lustige Kajakschule
Stechpaddelfahrschule
Seekajak Handbuch
Canyoning – Bergsport im Wasser*

Sport-Cartoons:

Kajak-Blindflug
Skikatastrophen v. W. Nealy
Lustige Mountainbike-Tips
Klettern ist die Hölle v. T. Knight
Ein "Blauer Planet" ist selten zu finden

Kanu-Literatur:

Das baldverlorene Paradies v. Rittlinger
Der Hadernkahn
In den Schluchten Europas
Eine freie Rheinfahrt
Kanu Total*

Mountainbike:

Mountainbike Fahrtechnik
Biketrails: Karwendel, Rofan, Mangfallgebirge
Mountainbike-Touren um Garm.-Partenkirchen

Reisen:

Fernweh Bd. 1*
Fernweh Bd. 2*

Berge / Bildbände

Karwendel-Panoramen*
Die schönsten Wasserfälle Österreichs*
Gleitschirm Total*

Nationalpark:

Neusiedler See Bd. 1 *
Neusiedler See Bd. 2*

Engl. Bücher:

Alone At See v. H. Lindemann

Video:

Family Mad u. Topotreffen
Over The Edge und
Verdon – die Schlucht gestern und heute
Kanuexpedition Tara 1932

Kalender:

Wildwasser-Kalender

Naturschutz:

Rettet unsere Flüsse

Schau mal rein ins Internet: www.Pollner-Verlag.de

Die schönsten Kanuflüsse und Seen

Der Tarn
Zu Fuß, mit Fahrrad und Boot 14,- EUR

Von Gerd Kassel, Führer, 70 Farbbilder, Karten

Mit vielen brillanten Fotos, unterhaltsamen und informativen Geschichten, nützlichen Tipps und detaillierten Tourenvorschlägen möchte der bekannte Outdoor-Spezialist und Frankreichkenner Gerd Kassel an Aktivurlaub interessierte Leserinnen und Leser in sein Lieblingsrevier nach Südfrankreich locken: Die ‚vergessenen' Cevennen laden ein zum Paddeln, Radeln und Wandern in einer der schönsten und urwüchsigsten Gebirgslandschaften Europas.

Südfinnische Seenplatte 14,- EUR

von M. Hennemann, Kanuführer, 80 Farbbilder, 14 Kartenskizzen

Michael Hennemann stellt das größte Binnenseegebiet Europas vor. Die südfinnische Seenplatte mit ihren großen Seen, Flüssen, Kanälen, idyllischen Buchten und einsamen Inseln ist ein reizvolles Paddelrevier. Ausgedehnte, (wochen-)lange Rundtouren sind ebenso möglich wie leichte Wildwassertouren.

Der vorliegende Kanuführer begleitet Sie vor, während und nach der Tour. Er liefert wertvolle Tipps zur Planung und Durchführung eines abwechslungsreichen, aktiven Urlaubs.

In Text und Bild werden die 13 schönsten Touren der Region ausführlich vorgestellt. Detaillierte Streckenbeschreibungen mit Hinweisen zu Ein- und Ausbootstellen, Zeltplätzen und Rückholmöglichkeiten des Autos fehlen ebenso wenig wie Hintergrundinformationen über Land, Leute und Natur.

Seekajakziele –
Die schönsten Küsten in Europa und Übersee

von Günter Siebke, Farbbildband 24,90 EUR

Mit dem Kajak die schönsten Küsten in aller Welt erleben! Fahrten in unberührter Natur haben für Günter Siebke ein halbes Jahrhundert lang ihren Reiz behalten. Faszinierende Landschaften findet der Autor vor unserer Haustür im Wattenmeer ebenso wie am Mittelmeer, in Skandinavien, in Nordamerika, in Ostasien und in der einzigartigen Welt der Arktis.

Das Abenteuer des Kajakwanderns in Harmonie mit Natur und Landschaft zu vermitteln, ist das Anliegen des Buches. Gleichzeitig entstand ein Bildband mit tollen Fotos, welcher die Begeisterung für das Seekajakfahren aufzeigt und den Naturfreund ansprechen wird.

Zu jedem Kapitel werden Informationen zu den Fahrten angefügt, um eigene Planungen zu ermöglichen. Allgemeine Ausführungen über die Praxis des Kajakwanderns runden das Buch ab.

Die schönsten Kanutouren auf der Mecklenburger Seenplatte

Von Manfred Schröder c.130 Seiten mit Karten und Farbbilder 22 x 15,5 cm 14,- EUR

Die Mecklenburger Seenplatte ist das größte zusammenhängende Seengebiet Deutschland. Die Landschaft ist weitgehend naturbelassen und an den Ufern sind viele Campingplätze angelegt. Für viele Paddler ist es das schönste Kanurevier in Deutschland. Damit Sie sich problemlos im Kanuparadies zurechtfinden hat der Autor 8 Touren zusammengestellt und mit Karten ergänzt.

Von Wochenendtouren bis zu Wochenlangen Kanuurlaub mit Zelt finden sie alles in diesen mit vielen Farbbildern ausgeschmückten Führer.

Der Verlag für gute Kanubücher

www. Pollner- Verlag. de

Lustige Kajakschule

Von W. Nealy *14,90 EUR*

4. Auflage.*Das weltweit meistverkaufte Kajaklehrbuch*

Wieder so ein Kajaklehrbuch?
Nein, Nealy´s spitzer Zeichenstift zeigt einen überreichen Erfahrungsschatz aus Wildwasser Erlebnissen in lustigen und lehrreichen Skizzen. Den Wildwasserneuling sowie auch den mit allen Wassern gewaschenen Könnern ermöglicht das neue Einblicke. Walzen, Wasserfälle, Sicherung, Selbstrettung und Paddlerlatein sind Schlagworte seiner Sammlung an Tipps und Tricks für´s Kajakleben. Kurze, wichtige Infos mit einprägsamen Bildern ersetzen lange Erklärungen.
Auf 180 Seiten finden Sie die jahrzehntelange Erfahrung als Anleitung zum sicheren Wildwasserfahren.
So deutlich zeigt´s keiner – dabei mit viel Witz bei allem Ernst

Pollner Verlag
85764 Oberschleißheim
Rotdornstraße 7

Seekajak - Ausrüstung, Fahrtechnik, Sicherheit *19,90 EUR*
Von N. Foster, 160 Seiten, 22 x 15,5 cm, 13 Farb-, 150 S/W-Bilder

Das ‚Seekajak Handbuch' ist ein detailliertes, modernes Lehrbuch über diese faszinierende Sportart, das ausführliche Beschreibungen der verschiedenen Techniken enthält. Anhand zahlreicher Illustrationen und spezieller Fotos informiert es über Eigenschaften und richtige Verwendung der einzelnen Ausrüstungsteile, sowie über Sicherheitsfragen und Paddeltechniken in den jeweiligen Situationen. Das Handbuch des Seekajakfahrens beschreibt unter Einbeziehung der Gezeiten, Strömungen, Wellen und des Wetters die Planung von Touren und Expeditionen.

Stechpaddelfahrschule *7,90 EUR*

Von F. Riegel u. D. Raffler *38 Seiten, 18 x 12 cm, Ringheftung*

Mit diesem Buch erlernen Sie die Grundlagen des Kanadierfahrens in ca. 1 Stunde.

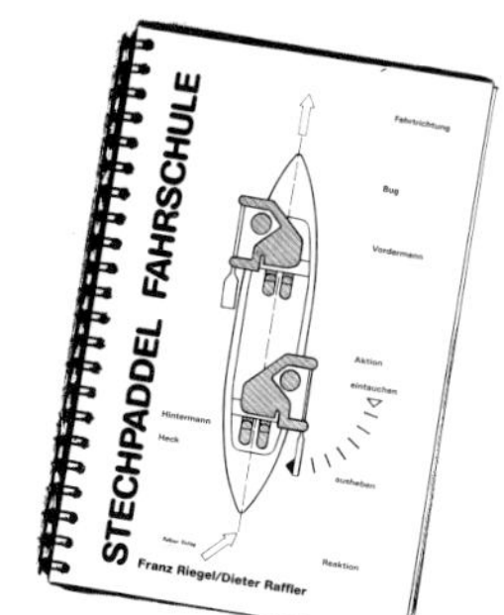

Die Gail
Ein Natursport und Kulturparadies in Kärnten *12,50 EUR*

von Hans Matz. Kanu-, Rad-, Wander- und Kulturführer, 140 Farbbilder u. Kartenskizzen

Die wildschöne Gail steht mit ihrer alpinen Umrandung im Mittelpunkt des Buches aus dem Pollner-Verlag. Der Verfasser begleitet mit seiner Kamera aber nicht nur Wildwasserfahrer durch die Waldschluchten des Lesachtals, sondern folgt auch den Bergsteigern auf markante Gipfel im Karnischen Hauptkamm.

Rettet unsere Flüsse *10,- EUR*

Von B. Uhrmeister *166 S., 27 Farb-, 42 S/W-Bilder, 28 Skizzen*

In eindrucksvollen Bildern stellen die Autoren der Schönheit des strömenden Wassers das Siechtum der geschundenen Flüsse entgegen. Die Beschneidung der Möglichkeit, sich am Fluss zu erholen, sowie die Bedrohung seltener Tier- und Pflanzenarten werden geschildert. Beispiele vom Widerstand gegen den Bau solcher Anlagen und zur Renaturierung angeschlagener Flüsse können als Richtschnur für Initiativen dienen. Szenarien zur Energieversorgung mit weniger Wasserkraft, die notwendigen Erläuterungen zu deren Technik und Wirtschaftlichkeit sowie ein kurzer Abriss der Rechtsvorschriften zu Nutzung und Schutz der Gewässer runden das Buch ab.
Es ist als Standardwerk allen empfohlen, die sich umfassend mit der Problematik der Wasserkraft beschäftigen möchten.

www. Pollner- Verlag. de

Die schönsten Urlaubsflüsse

Kanuland Femund

von G. Kassel

120 Seiten, ca. 50 Farb-, SW-Bilder, Skizzen

Sein Ziel ist es, dem kanubegeisterten Leser das vielseitige und familienfreundliche Kanuland Femund, das sich besonders für einen erlebnisreichen, auch mehrwöchigen Aktivurlaub unter nordischem Himmel eignet, schmackhaft zu machen und die notwendigen Planungs- und Orientierungshilfen zu bieten.

Allier

von M. Schulze

140 Seiten, 15,5 x 22 cm,13 Kartenskizzen, 25 Farb-, 17 Schwarz-Weiß Bilder

So etwas gibt es noch? – das fast unberührte Paradies mitten in Europa. Dieser Fluß Allier ist einer der letzten großen Flüsse in unserer Welt, der auf seiner ganzen Länge Fluß-Abenteuer bietet. Dieser Führer bietet viele Informationen, die es jedem Kanuten ermöglichen, den Allier zu paddeln.

Die Loire

Kanuwandern auf einem königlichen Fluß

von M. Schulze

120 Seiten, 22 x 15,5 cm, 26 Farb-, 22 SW-Fotos

Natur pur, Abenteuer, einsame Inseln, ruhige Dörfchen, traumhafte Schlösser, sehenswerte Städte, Kirchen, endlose Sandstrände, sommerselige Unbeschwertheit, französische Lebensart und viel Erholung erwarten denjenigen, der sich diesem Fluß, einem der letzten Weitwanderflüsse Europas, anvertraut.
Das Buch bietet eine Fülle von Informationen um eine Fahrt exakt planen und durchführen zu können.

Die Steirische Salza

Ein Naturparadies in Österreich

von H. Matz

96 Seiten, 32 Farb-, 16 SW-Abbildungen, Kartenskizzen

Ein Urlaubsführer der allen Facetten des steirischen Salzatals seine Lichtpunkte aufsetzt. Bergwanderungen im Bereich des Hochschwabs und der Zeller Staritzen sind ebenso Inhalt des Buches wie romantische Höhlenbesuche, sportliche Kajakfahrten und Touren mit dem Rad.

Stechpaddelfahrschule

von F. Riegel u. D. Raffler

38 Seiten, 18 x 12 cm, Ringheftung

Mit diesem Buch erlernen Sie die Grundlagen des Canadierfahrens in ca. 1 Stunde.

Sicher Eskimotieren

von P. Dutky

138 Seiten, 20 x 22 cm, 190 Zeichnungen

Das Kajaklehrbuch über die Eskimotiertechniken mit deren Hilfe das Kajak wieder aufgedreht wird. Mit vielen Zeichnungen werden die verschiedenen Rolltechniken nachvollziehbar erklärt. Darüberhinaus werden die modernen Spielformen des Kanurodeos erstmalig in Buchform mit vielen genauen Skizzen aufgezeigt. – **Cartwheels – Splints – Moves**

Der Hadernkahn – Geschichte des Faltbootes

Von U. u. C. Altenhofer

200 Seiten, 20 x 22 cm, 175 Fotos,103 Grafiken

Diese reich illustrierte Geschichte des Faltboots ist der Versuch, drei Generationen von ‚Faltbootfahrern' und eine faszinierende Sportbewegung in einem ‚Baldverlorenen Paradies' (Rittlinger) vor der Vergessenheit zu bewahren.

Kanuwandern in Deutschland

Kanuwandern in Bayern

Die schönsten Kanuwandergewässer in Bayern

von A. Zaunhuber

160 Seiten, 72 Farbbilder, 36 Karten

36 Kanugewässer für Einsteiger und Genießer. Idylische Kleinflüsse, Gewässer für Ferienfahrten und malerische Voralpenseen.
Dazu zahlreiche Infos zur problemlosen Tourenplanung. Jede Tour mit Farbfoto und Umgebungskarte.

Kanuwandern in der Mark Brandenburg

von A. Jankowski

40 Farbbilder, Karten

Sieben Paddelreviere rund um Berlin und darüber hinaus bieten die Möglichkeit, abwechslungsreiche Touren auf zumeist problemlos in beide Richtungen befahrbaren Flüssen, Kanälen und Seen unterschiedlicher Größe durchzuführen. Ausführliche Revierinformationen und Routenbeschreibungen erleichtern dabei die Urlaubsplanung.

Kanuwandern in Schleswig-Holstein

von H. Teigler

200 Seiten, 22 x 15,5 cm, 29 Kartenskizzen, 28 Farb- und 25 SW-Bilder

Horst Teigler hat alle Flüsse seiner Heimat mit dem Kanu befahren. Seine Erlebnisse hat er in kurze Geschichten gefaßt. Dazu kommen genaue Angaben zu den Flüssen. Dieses Buch ist ein ‚Muß', wenn Sie die Flüsse dieser Gegend mit dem Kanu erleben wollen.

Kanuwandern im Weser-Ems-Gebiet

von H. Teigeler

28 Farb- 31 SW-Bilder, 23 Kartenskizzen

Fotos zeigen die Schönheit der Landschaft aus der Perspektive des Kanuten. Im großen Infoblock werden die allgemeinen Bedingungen und Bestimmungen für Kanuten sowie naturgerechtes Verhalten erläutert.

Lustige Kajakschule

von W. Nealy

4. Auflage180 Seiten, 24 x 17 cm, das weltweit meistverkaufte Kajaklehrbuch

Wieder so ein Kajaklehrbuch?
Nein, Nealy´s spitzer Zeichenstift zeigt einen überreichen Erfahrungsschatz aus Wildwassererlebnissen in lustigen und lehrreichen Skizzen. Den Wildwasserneuling sowie auch den mit allen Wassern gewaschenen Könnern ermöglicht das neue Einblicke. Walzen, Wasserfälle, Sicherung, Selbstrettung und Paddlerlatein sind Schlagworte seiner Sammlung an Tips und Tricks für´s Kajakleben. Kurze, wichtige Infos mit einprägsamen Bildern ersetzen lange Erklärungen.
Auf 180 Seiten finden Sie die jahrzentelange Erfahrung als Anleitung zum sicheren Wildwasserfahren. So deutlich zeigt´s keiner – dabei mit viel Witz bei allem Ernst.

Die Thaya

von H. Matz

120 Seiten, ca. 50 Farbbilder, SW Aufahmen, 5 Orientierungskarten, Format 15,5 x 22 cm

Aus dem nächsten Umfeld der Thaya werden Kanutouren, Wanderwege und Radrouten beschrieben. Sakrale Schätze und Traditionsbauten, geschichtsträchtige Ruinen und Wüstungen, seltene Amphibien und Vögel, Naturdenkmale, Blumenwiesen und Wälder werden beschrieben und mit vielen Farbaufnahmen präsentiert.

www.Pollner-Verlag.de

Pollner Verlag
85764 Oberschleißheim, Rotdornstraße 7
Fax 089/315 18 90

Bei GATZ finden Sie unter anderem:

- Canadier und Kajaks „Made in Germany“: Mehr als 45 verschiedene Modelle gefertigt aus faserverstärkten Kunststoffen (z.B. GfK, Kevlar, Carbon) sowie POLYETHYLEN und ROYALEX
- Canadier zwischen 3,5 und 9 m Länge für 1 bis 12 Personen
- Umfangreichstes Zubehörsortiment, Paddel, Bücher, Videos, etc.... Direktversand
- Kompetente Beratung von Paddlern für Paddler!
- WW- und Tourenkajaks vieler renommierter Hersteller
- vieles mehr

Fordern Sie unsere kostenlose Kataloge an!

GATZ-KANUS Herstellung • Vertrieb • Vermietung

Berg. Gladbacher Str. 787 · D-51069 Köln · Geschäftszeiten: Mo-Fr 9 - 13 Uhr und 14 - 18 Uhr, Sa 9 - 12 Uhr
Tel. 0221-682300 · Fax 0221-6805231 · e-mail Gatz.Kanus@Gatz-Kanus.de · http://www.Gatz-Kanus.de